ÉQUITATION

DES DAMES.

Lith. de Thierry frères, Cté Bergère 1, Paris

ÉQUITATION

DES DAMES,

par P. A. AUBERT,

AVEC 20 PLANCHES LITHOGRAPHIÉES PAR H. DE MONTPEZAT.

> L'Art de l'Équitation a cela de particulier,
> qu'une combinaison fausse peut être facile-
> ment redressée, si l'on sait les routes que suit
> la nature.　　　DUPATY DE CLAM.

PARIS,

CHEZ L'AUTEUR, GRANDE RUE DE CHAILLOT, 48,

ET A LA LIBRAIRIE MILITAIRE DE GAULTIER-LAGUIONIE,
RUE ET PASSAGE DAUPHINE, 36.

1842.

A MADAME

L. GEOFFROY DE VILLENEUVE, née BERTHERAND.

Madame,

*Comme l'une des personnes qui possédez les plus heureuses dispositions pour l'Art que j'enseigne, et comme l'écolière qui avez le mieux compris le peu de leçons que j'ai eu l'honneur de vous donner pendant mon séjour au château de Chartreuve, j'éprouverai une bien douce satisfaction si vous voulez bien agréer la dédicace de l'***Équitation des Dames.***

Vous remarquerez, Madame, que je renvoie sou-

cent aux divers chapitres de mon **Traité raisonné d'Équitation, d'après les principes de l'École française.**

Si je n'avais pas suivi ce mode, il m'aurait fallu répéter à tout moment ici ce que j'ai déjà dit dans l'ouvrage précité, et dépasser de beaucoup les limites que je me suis proposées dans celui-ci.

Je serai bien heureux et bien honoré, Madame, si, en consultant quelquefois ce petit Traité, vous daignez vous rappeler les sentimens d'admiration et de respectueuse amitié avec lesquels

Je suis ,

Madame,

Votre très-humble
et très-obéissant serviteur,

AUBERT.

INTRODUCTION.

Depuis un tems immémorial les dames françaises ont monté à cheval, mais à la manière des hommes, ce qui était à la fois disgracieux et inconvenant.

Je dirai d'abord deux mots de leurs anciens *habits de cheval*. Pour donner une idée de la forme de ces habits, je ne remonterai pas au tems où les nobles dames et damoiselles voyageaient sur des *genets d'Espagne* ou sur des mules. Si les anciens tableaux nous les représentent assises sur des selles d'hommes, les deux jambes du même côté, c'est d'une part que les selles de femme n'étaient point connues, et de l'autre, que les peintres de tous les tems ont compris qu'il n'était guères possible de donner de la grâce et de la majesté à des reines et princesses placées sur leurs chevaux à *califour-chon* comme des vivandières ; cependant, il est présumable qu'elles allaient le plus souvent de cette manière, à une époque où les voitures de luxe n'étaient point encore inventées et où les plus grandes dames ne montaient pas à cheval uniquement par partie de plaisir, mais bien pour entreprendre des voyages assez souvent longs et pénibles.

Nos dames d'aujourd'hui, dont le goût est si exquis, la mise si gracieuse et si séduisante, ne pourraient guères s'imaginer que leurs aïeules, qui furent aussi des beautés à la mode dans un autre siècle, se faisaient admirer à cheval, coiffées d'un chapeau à trois cornes, les cheveux retroussés en grosses cadenettes poudrées et pommadées à la manière des grenadiers suisses du régiment du Roi. Quant à l'habit de cheval, il était boutonné par devant de haut en bas et avait à peu près la forme d'une soutane de prêtre ; on déboutonnait cet habit par le bas au moment de se mettre à cheval sur une selle d'homme et à *califourchon*. Les plus jolies jambes et les pieds les plus gracieux étaient perdus dans de grandes *bottes à l'écuyère fortes* ou *demi-fortes*, cirées comme des gibernes et armées d'éperons de manège. Avec cet habit, si peu avantageux pour faire ressortir la beauté des formes et la souplesse de la taille, la *culotte de peau de daim* était de rigueur. Les autres parties de ce costume équestre étaient dans le même goût et à l'avenant.

C'est dans ce costume que des dames de la cour de Louis XV allaient au manège, y faisaient quelquefois un apprentissage assez long et couraient les chasses royales du cerf et du sanglier sans redouter la fatigue et les dangers de ces sortes de plaisirs.

Comme cette manière de monter à cheval, à part la bizarrerie des habits, offrait beaucoup plus de solidité que celle adoptée aujourd'hui pour les femmes, il y en avait qui devenaient de véritables écuyers par leur aptitude à monter des *chevaux de tête* fins et vigoureux dans toute la perfection du manège d'académie.

Telles étaient encore à la cour de notre illustre et infortunée reine *Marie-Antoinette d'Autriche*, madame la duchesse de Luynes et madame la maréchale de Du-ras. Ces deux dames avaient passé une partie de leur jeunesse au manège de Versailles, sous la leçon des meilleurs écuyers du Roi. Je me souviens qu'ayant à peu près 17 ans et déjà écuyer au *Manège des Dames*, tenu à Paris par M. Vincent, j'ai eu l'honneur d'en-seigner à beaucoup de personnes des grandes familles de la noblesse qui commençaient à reprendre leur exercice de prédilection, quand les goûts, les habitudes et même les noms de l'*ancien régime* n'étaient plus un arrêt de mort. De ce nombre étaient M. le duc de Che-

vreuse et plusieurs autres jeunes gens, proches parens
des deux dames que je viens de citer. Ces dames nous
faisaient assez souvent l'honneur de visiter le manège
pour juger des progrès de leurs fils et neveux, ce à quoi
elles attachaient une grande importance. Souvent je
remettais la *chambrière* à l'une d'elles en lui faisant les
honneurs de la leçon; il fallait la voir animer les reprises de galop et des sauteurs de piliers, en faisant
résonner la *chambrière* comme un instrument de
connaissance, et je puis assurer que la leçon n'y per-
dait rien; madame de Duras surtout y apportait une
exigence et une sévérité, que moi, très-jeune écuyer,
je ne me serais pas permises avec des élèves à peu près
de mon âge et d'un rang si supérieur au mien.

Telle était encore l'importance que les personnes de la
haute société attachaient au *noble art du manège*, comme
on le nommait d'après les anciennes traditions, que ce
qui paraîtrait aujourd'hui d'une choquante originalité,
passait inaperçu au tems dont je parle. Il y avait un mérite reconnu à exceller dans un genre d'exercice qui
avait toujours fait essentiellement partie de l'éducation
des princes souverains et de toute la noblesse vouée à
la carrière des armes. On se rappelait encore, après le
funeste événement du **21** janvier, que la Reine et madame Élisabeth, sœur de Louis XVI, avaient eu un goût
tout particulier pour un art qui fut toujours honoré

parmi le grand monde et qui rappelait les tournois si célèbres de la galante chevalerie.

Ce qui vient à l'appui de ce que j'avance et ce que l'on aura peine à croire, c'est que cette belle et vertueuse duchesse de Brione', objet des hommages lyriques des poètes du siècle dernier, a rempli la charge de *Grand Écuyer de France* après la mort de son mari et pendant la minorité de son fils aîné le prince de Lambesc. Elle présentait aux charges tant des écuries du Roi qu'à celles des haras de France ; elle recevait les rapports des écuyers de manège sur l'instruction des pages et sur beaucoup d'autres services soumis à son contrôle. C'est du digne et respectable abbé Coupé que je tiens ces détails ; il avait été gouverneur du prince de Lambesc et du prince de Vaudémont, son frère. L'abbé Coupé m'a souvent assuré que la duchesse sut remplir cet interim de *Grand Écuyer*, de manière à prouver qu'elle ne manquait pas de connaissances dans une partie qui paraît devoir être si étrangère à l'éducation et aux habitudes d'une femme. Madame la duchesse de Brione fut une des plus belles femmes de la cour de France.

Ce fut vers la fin du règne de Louis XV que l'on reconnut que l'habit de cheval des dames de la cour, si peu en harmonie avec les grâces de leur sexe, devait subir une réforme complète ; mais il fallait avant de le changer et de le remplacer par ces longues robes de drap écarlate, que l'on appela *amazone*, et que l'on portait déjà en Angleterre, inventer une selle à leur usage particulier. On connaissait déjà les selles sur lesquelles on s'assied de côté, que l'on nommait *selles à la fermière*, et dont on ne se sert plus depuis longtems que pour *aller à âne*; mais cette position n'était ni commode, ni gracieuse pour monter ces chevaux *fins* et à grands moyens auxquels les dames s'étaient habituées dans les Académies royales d'Équitation.

C'était une sérieuse affaire alors que de *choisir, dresser et confirmer* un cheval de femme. De simples *piqueurs* dressaient les chevaux de selle de la Reine et des princesses; mais à cette époque les piqueurs du Roi avaient été formés au manège de Versailles, ils étaient généralement des hommes de cheval consommés, comme le prouvent encore aujourd'hui tous les élèves qui sont sortis de cette grande et belle école. Il faut dire aussi que la responsabilité du *service d'honneur* retombait tout entière sur les écuyers-commandans. Si une princesse fût tombée de cheval, la disgrâce de l'écuyer-commandant en eût été la suite immédiate; on n'admettait pas avec raison qu'un tel accident pût arriver; mais aussi que de soins et de prévoyance n'apportait-on pas pour le prévenir! Après que ces chevaux étaient restés pendant dix-huit mois et deux ans dans les *réser-*

Pl. 1.er

Introduction.

Lith. de Thierry frères.

Le Moyaudin central de la Reine Marie-Antoinette

ves, et une fois *mis au point*, ils étaient classés *au rang* des princesses, soigneusement entretenus et conservés pour leur usage particulier. Voilà comment la responsabilité des écuyers-commandans ne pouvait devenir chose illusoire, et comment en effet les dames ne tombaient jamais de cheval (1).

Or, je le demande, si les plus célèbres écuyers ont jugé tous ces soins indispensables pour s'assurer de l'agrément et de la sûreté des chevaux qu'ils donnaient aux princesses, comment pourrions-nous compter assez sur notre infaillibilité ou notre bonheur pour faire monter aux dames, qui nous honorent de leur confiance, des chevaux que nous croirions très-bien dressés et très-sûrs, parce que nous les aurions exercés trois ou quatre fois en selle de femme? Et qu'on ne vienne pas me dire que toutes les dames qui montent à cheval, n'étant point des princesses, on peut aller beaucoup plus vite en besogne quand il s'agit de leur dresser des chevaux, car je doute que cette réponse soit de nature à satisfaire les pères,

---

(1) Madame Élisabeth montait des chevaux très-vigoureux et à grands moyens, et les décidait souvent au franc galop de chasse, quoique devenue d'un embonpoint qui rend la tenue à cheval plus difficile, mais il n'y eut point d'exemple qu'elle fût jamais tombée de cheval; c'est que la responsabilité des écuyers de ce tems là n'était pas comme celle des ministres d'aujourd'hui.

mères, maris, etc., qui amènent de jeunes écolières au manège, dans la pensée assez naturelle *que tout a été prévu* pour qu'il ne puisse rien leur arriver de fâcheux, bien qu'elles ne soient ni reines, ni princesses.

Mais disons qu'anciennement les chevaux de femme devaient être avant tout des chevaux forts et vigoureux. On ne connaissait pas ces espèces grêles et manquées que l'on emploie assez généralement aujourd'hui à cet usage, qui n'ont que le mérite de se traîner au petit galop rompu des bidets de poste, sans ressorts et sans agrément. On voulait des chevaux à grands moyens, parce qu'il n'y a véritablement que ceux-là qui puissent offrir beaucoup de sûreté de jambes ; or, si pour avoir plus tôt fait, on donne aux femmes des chevaux très-faciles à dresser, par la raison toute simple qu'ils n'ont ni force, ni énergie, ces chevaux ne les jetteront pas à terre, mais ils tomberont eux-mêmes, ce qui est pire encore.

On fit les premières *à fourche* pour passer la cuisse droite. Ces selles, en velours cramoisi, étaient très grandes, massives et garnies d'une *rampe* qui, fixée à la fourche droite, se prolongeait jusqu'en arrière du siége, et faisait en partie, l'effet du troussequin pour assurer l'assiette ; de même que les selles d'homme, elles étaient accompagnées de *housses* galonnées en or et de *chasse-mouches* en été. Cet équipement était très-riche, s'il n'avait pas la légèreté de ceux d'aujourd'hui, il offrait aux femmes beaucoup plus de solidité. J'ai conservé pendant bien des années une de ces selles qui a servi à la Reine; je l'ai fait copier sur la première planche de cet ouvrage, ainsi que le portrait d'un cheval amené pour elle des haras d'Autriche. Ce cheval, que l'on appelait *Schimmel* en allemand, et auquel on donna le nom d'*Argentin* à Versailles, a été copié d'après un tableau fait d'après nature. J'ai voulu donner une idée de l'équipement des chevaux de femme à une époque où la jeune et belle Reine, objet de l'enthousiasme général, exerçait une influence si entraînante sur toutes les modes de ce pays; et cette idole de l'amour frénétique des Français qui ne voulaient se parer qu'avec des habits *couleur des cheveux* ou *des yeux de la Reine,* quelques années plus tard ces mêmes Français la traînèrent à l'échafaud dans une ignoble charrette..... Fiez-vous donc à l'enthousiasme des populations empressées !

Depuis long-tems les dames anglaises se servaient dans leur pays de selles sans rampes, ainsi qu'on peut le remarquer dans une des nombreuses gravures de l'ouvrage équestre de Newcastle, gouverneur et grand-écuyer de Charles II, où la duchesse de Newcastle est représentée dans une chasse sur une selle qui paraît à peu près faite comme celles dont on se sert aujourd'hui.

On supprima aussi *la rampe* chez nous et on fit les premières selles à *quartiers* de cuir, beaucoup plus légères et seulement *encastrées de veaulac* ou de velours sur le siége. Ce siége différait peu de celui d'aujourd'hui, qu'on est revenu, avec raison, à faire large et bien plat, mais les deux branches qui composaient *la fourche* étaient beaucoup plus hautes et plus rapprochées l'une de l'autre afin d'enfermer la cuisse droite le plus possible, et d'ajouter quelque chose à la *tenue* devenue bien plus difficile depuis la suppression de *la rampe* qui, comme je l'ai déjà dit, faisait presque l'effet du *troussequin* de la selle à piquer ou de manège. Cette rampe offrait encore un point d'appui que l'on pouvait facilement prendre de la main droite dans un moment où l'assiette aurait été ébranlée, sans pour cela mettre le corps en avant ni déplacer la *main gauche de la bride*.

Enfin, depuis une vingtaine d'années environ, les selles de femme ont encore subi de nouveaux changemens. Celles venant de l'Angleterre, et qu'on a copiées de ce pays, sont entièrement en cuir, même sur le *siége* et l'*avance de la jambe*, ce qui les rend beaucoup plus dures et plus glissantes. Ensuite, comme on a reconnu que la hauteur des deux branches de la fourche produisait un mauvais effet, quand la cuisse n'était pas assez forte pour en remplir la base, on a baissé cette fourche de beaucoup; dès-lors les formes les plus grêles ont pu être dissimulées, mais *la tenue* déjà très-précaire qu'offre la selle de femme a perdu encore beaucoup à ce changement ou perfectionnement.

C'est donc avec ces dernières selles, qui sont généralement en usage aujourd'hui, que je vais chercher à indiquer d'une manière claire et précise tous les moyens qui peuvent établir la position de l'écolière, avec le plus d'aplomb et d'aisance et par conséquent avec le plus de solidité possible, avant de parler *des aides* qui font obéir le cheval, aux différentes allures, dans tous les mouvemens ou directions et suivant la volonté de la personne qui le monte, de même que pour procurer à celle-ci le plus d'agrément et de sûreté.

Je suivrai pour l'équitation des dames les principes de deux écuyers qui ont été *les créateurs du genre*, il y a environ cinquante ans, quand, à l'imitation des dames de la cour, quelques dames brillantes de la ville voulurent aussi augmenter le nombre des amazones; et je dois dire que ce nombre fut si infiniment petit pendant les dix années qui suivirent la révolution de 1792, que je pourrais presque les nommer sans omission. Les deux écuyers dont je parle étaient MM. Vincent et Guérin (1).

_____

(1) Ce brave et loyal Guérin a mérité une place bien honorable

Le premier avait été piqueur de madame Élisabeth et dressait tous les chevaux de cette auguste princesse, sous la direction de M. le marquis de Vernon, son écuyer-commandant. Le second faisait le même service à l'équipage de la reine Marie-Antoinette. Tous deux avaient été à même d'acquérir des connaissances précieuses sur une grande quantité de chevaux dans lesquels on choisissait ceux destinés aux princesses. Pendant bien des années, M. Vincent fut seul en possession de l'enseignement de toutes les dames de la société qui

---

dans l'histoire de la révolution française. Cependant personne n'a pensé à consacrer quelques lignes biographiques à sa mémoire, quand il est si facile de se faire inscrire dans les *dictionnaires des hommes illustres*, *des hommes généreux*, *des grands citoyens*, et d'après des notes que l'*on prend plaisir à composer soi-même.*

Je l'ai particulièrement connu et j'ai reçu de ses leçons quand il était commandant des équipages de l'impératrice Joséphine. Ce bon Guérin portait ostensiblement un médaillon renfermant le portrait et des cheveux de l'infortunée reine Marie-Antoinette ; je crois que ce fidèle serviteur n'a pas été un jour sans déplorer la mort affreuse de cette princesse. Cette marque d'un fidèle attachement plaisait à Joséphine qui était très-bonne et qui savait honorer et récompenser les beaux sentimens de ceux qui l'approchaient ; cette princesse, de même que Napoléon, avait pris grand soin en montant sa maison, de rechercher tous les anciens serviteurs de Louis XVI et de la Reine, et autant que possible les serviteurs fidèles.

Quoique mon but ne soit pas de faire de l'historique ni de la politique dans cet ouvrage, je ne puis cependant résister au désir de citer un de ces traits qui font le plus d'honneur à l'humanité :

ne voulaient prendre leçon que de ce maître en vogue. C'est à son manège, hôtel d'Augny, établissement que l'on appelait alors le *Manège des Dames*, que je débutai très-jeune comme écuyer, après avoir été élève de M. Pellier et de plusieurs autres écuyers de l'école de Versailles, pendant environ huit ans. C'est avec M. Vincent que j'ai pu acquérir l'habitude et la connaissance d'un genre de leçon tout nouveau alors et qui n'était que très-peu connu des autres écuyers qui enseignaient à Paris, pas plus que la manière toute

---

Pendant la captivité de Louis XVI au Temple, Guérin, déguisé en maçon, s'introduisait dans la prison avec d'autres ouvriers de cet état. A la faveur de ce déguisement, et au péril de sa vie, le fidèle Guérin n'a cessé de rendre les soins les plus assidus à l'illustre captif, en lui procurant les moyens de correspondre avec ses amis les plus dévoués, qui étaient eux-mêmes dans les fers, et cela jusqu'au dernier moment où le Juste quitta le monde pour l'Éternité. C'est quelques heures avant de monter à l'échafaud, que le vertueux Louis XVI détacha sa croix de Saint-Louis et la plaça sur le cœur du brave Guérin, si digne d'une telle récompense. Le Roi ajouta une lettre de quelques lignes tracée de cette main, que les approches de la mort n'ont pu faire trembler ; cette lettre adressée à son frère « dans le cas où il aurait le » malheur de devenir roi » devait valider la promotion de Guérin au titre de chevalier de Saint-Louis.

Cette lettre, je l'ai lue avec un respectueux attendrissement en 1806 ; et lorsqu'en 1814, Louis XVIII autorisa le vieux Guérin à porter un signe d'honneur que personne n'avait mérité plus que lui, par un hasard heureux, je fus un des premiers qui lui rendit les honneurs militaires.

particulière de dresser des chevaux de femme. Je ne prétends pas établir que cette partie de l'équitation est la plus savante, mais je n'aurai pas de peine à prouver qu'elle impose au maître la plus sérieuse responsabilité; car il faut bien se pénétrer que tout ce que nous avons gagné en grâce et en légèreté dans la forme des selles de femme, nous l'avons perdu, ou pour mieux dire, les femmes l'ont perdu en solidité. C'est une vérité qu'il faut beaucoup d'habitude pour se tenir passablement sur une selle de femme et qu'on ne peut jamais y acquérir une grande stabilité d'assiette. Mais cette vérité, beaucoup d'écuyers n'en sont pas assez pénétrés ou l'oublient facilement, parce qu'il en est très-peu qui aient essayé de monter des *chevaux entreprenans* avec cette sorte de selle.

Quant à moi qui en ai monté pendant long-tems et qui ai passé, bien à tort, pour y avoir beaucoup *de tenue*, alors que j'étais très-jeune, imprudent, sans expérience, et que, comme tant d'autres débutans écuyers, je donnais dans le travers des tours de force, je déclare bien franchement que cette tenue n'a jamais été que purement factice. Je l'obtenais quelquefois en faisant entrer mon éperon droit dans l'avance de la selle, et par ce moyen je rétablissais mon équilibre quand je le perdais en franchissant une barrière, mais si mon cheval voulait sauter un peu plus fort que de *gaîté*, je passais bien vite la jambe droite pour me remettre en homme afin de ne pas tomber, ce qui ne m'a pas empêché de tomber plusieurs fois (1). Tous les écuyers, qui avec du talent, ont été de bonne foi, ont fait le même aveu, il n'y a en tout que les charlatans qui prétendent faire l'impossible, ou pour mieux dire, qui prétendent faire faire l'impossible à de faibles femmes, assez malheureusement inspirées pour leur accorder une confiance aveugle.

D'où je conclus que si nous-mêmes qui avons fait de l'équitation l'exercice et l'étude de toute notre vie, nous ne pouvons obtenir qu'une *tenue* très-précaire sur la selle de femme, il y aurait une grande témérité à faire entrer dans la leçon des dames les sauts de barrière, par la seule raison que ces imprudences sont très-fréquentes et de très-bon goût en Angleterre, où, comme je l'ai dit ailleurs, elles font la fortune des chirurgiens sans

(1) Dans ce tems-là on franchissait aussi des barrières et des fossés, et avec des chevaux normands, ce qui était autrement difficile que de sauter avec des chevaux anglais, mais on ne faisait pas de cela une grande affaire comme aujourd'hui. Très-souvent, pour prouver qu'on avait de *l'assiette et de la cuisse*, on franchissait ces barrières après avoir préalablement ôté les sangles de la selle. J'ai fait cette expérience plus d'une fois sans tomber, mais j'ai fait aussi plusieurs chutes dangereuses à ce passe-tems que j'indique aux amateurs de *steeple-chasse*, qui auraient des membres dont ils ne sauraient que faire.

cesse occupés à réparer les membres disloqués des habitués de la chasse du renard.

Selon moi, quelle que puisse être la supériorité d'une femme en équitation, elle ne doit jamais monter que des chevaux très-bien dressés, ce qui est déjà beaucoup quand ces chevaux sont fins et vigoureux; mais on peut exiger que les jeunes écolières apprennent à les mener avec toute la justesse et la précision désirables, ce qui n'est jamais impossible quand on leur a donné d'abord une *belle et bonne position*, et qu'on a employé pour leur enseignement un certain nombre de chevaux de diverses natures, afin de leur faire sentir et raisonner la différence de leurs moyens particuliers. Voilà ce qui mène à vaincre les difficultés sans dangers comme sans efforts.

D'après mon *système d'enseignement*, trente-six leçons, tant au manège qu'en promenades, suffisent pour apprendre à une écolière à mener ses chevaux *seule* (1),

---

(1) Je dis *seule*, parce qu'il y a une grande différence pour une femme de faire marcher son cheval entre le mur du manège et le cheval de l'écuyer qui l'accompagne, ou bien de conduire ce même cheval seule, en lui faisant exécuter avec justesse toutes les *figures* dont se composent les *reprises de manège*. La personne qui sait mener son cheval avec justesse dans le manège, le mènera encore mieux dehors, tandis que celle qui a beaucoup d'habitude et de décision dehors, peut être fort embar-

aux trois allures et dans toutes les directions ; elle saura se rendre compte aussi de la manière dont le mors de la bride et le bridon agissent sur la bouche du cheval, ainsi que tous les *changemens de rênes*, que le manège impose suivant *les changemens de main ou de piste;* elle saura faire marcher ses chevaux *sur les hanches* ou *de deux pistes, les sentira au galop* et les fera partir à gauche comme à droite, sans les mettre de travers.

Mais, je le répète, pour obtenir en peu de tems une bonne et belle position et de *la justesse d'aides* qui en est la conséquence, il faut, surtout pour les femmes, n'employer que des chevaux bien dressés et qui ne soient pas épuisés de fatigue, comme le sont généralement ceux des manèges d'aujourd'hui qui sont forcés de faire le louage.

Et quand je désire que les écolières les plus avancées mènent leurs chevaux dans la perfection, ce n'est certainement pas pour qu'elles en fassent parade dans un manège, afin de montrer la supériorité du maître

---

rassée pour exécuter les reprises les plus simples du manège. Il en est de cela comme de ces personnes qui, avec une jolie voix, chantent de mémoire des morceaux assez difficiles, mais qui ne sauraient rendre avec précision quelques mesures de musique écrite à l'usage des enfans qui commencent au solfège. Donc les bonnes leçons de manège sont indispensables, et l'*équitation instinctive* est une mauvaise plaisanterie qui a déjà donné bien des regrets à ceux qui y ont ajouté foi.

qui leur a enseigné ; mais c'est que cette perfection donne à la personne qui la possède les moyens de maîtriser son cheval dans toutes les occasions possibles, et sans le secours d'un *écuyer-obligé* ; c'est qu'en un mot, il en résultera pour elle plus d'agrément et de sûreté, et pour son cheval moins de fatigue, plus de bien-être, quoique soumis à une plus grande obéissance. C'est alors qu'elle éprouvera un véritable plaisir en prenant un exercice aussi avantageux pour faire ressortir l'adresse et la grâce, qu'il est salutaire à la santé.

Mais si on ne lui fait considérer l'équitation que comme un moyen de transport, si on ne lui enseigne pas le grand art de s'identifier avec son cheval, et *de s'en faire aimer*, comme l'a dit un célèbre auteur, elle pourra bien galoper pendant des années avec un écuyer à sa droite ou un jockey à sa suite, sans avoir jamais la moindre idée de conduire ses chevaux avec agrément et sûreté ; et pour rendre mieux ma pensée par la comparaison d'un art avec un autre, je dis qu'elle saura faire de l'équitation comme un joueur d'orgue à manivelle sait faire de la musique ; c'est-à-dire qu'elle pourra se tenir sur un cheval au petit galop et même au grand trot, mais elle ne saura pas diriger ce cheval à droite, s'il veut aller à gauche, ni le *redresser des épaules ou des hanches*, s'il est de travers, ni le régler dans un train égal, ni modifier le départ et l'arrêt du galop, ni même se tenir sur le cheval le mieux dressé, si ce cheval réunit l'ardeur à la *finesse des aides*.

Telles ont été, à peu d'exceptions, toutes les dames anglaises que j'ai vues monter à cheval depuis plus de trente ans que j'en ai fait la remarque, et que j'avais entendu citer comme les meilleures *amazones* de l'Europe. Ces dames anglaises ont, il est vrai, beaucoup d'habitude d'*aller à cheval*, parce qu'elles y montent dès leur plus tendre jeunesse ; elles vont au galop et au grand trot pendant des journées sur des chevaux, tantôt commodes, tantôt maussades et quelquefois dangereux, leur laissant franchir les nombreux fossés et haies qui coupent les plaines dans tous les sens, mais elles n'ont ni position régulière de la main, ni le moindre sentiment de cette aide, si ce n'est de tirer ou de lâcher les rênes de la bride et du bridon qu'elles font agir indistinctement, les emmêlant les unes avec les autres, ce qui est un grand défaut, car je n'aurai pas de peine à expliquer dans le cours de cet ouvrage, que, pour les femmes surtout, une *bonne* ou *mauvaise main* à cheval peut être une question de vie ou de mort.

Toutes les dames anglaises auxquelles j'ai eu l'honneur de donner des leçons dans les différens manèges que j'ai tenus à Paris, avaient monté à cheval comme je viens de le dire, dès leur enfance, mais machinalement, par habitude, sans aucune espèce de théorie tant

soit peu raisonnée. Ces dames ont toujours été étonnées
autant que satisfaites du résultat de quelques bonnes leçons. Toutes m'ont assuré, à la vérité, qu'elles n'a-
vaient jamais eu d'autres maîtres d'équitation, dans
leur pays, que les jockeys de leurs parens (1). Il ne faut
donc pas s'étonner si la plupart de ces dames anglaises,
qui ne manquent ni d'aisance ni même de grâce à cheval,

---

(1) Je demandais un jour à un personnage très-riche qui se plai-
gnait de l'accident arrivé à sa fille (cette jeune personne s'était cassé le
bras, en prenant une leçon d'équitation dans un bois solitaire, sous les
auspices du groom de son père), pourquoi il n'avait pas envoyé cet
objet de son affection dans un manège, où elle aurait reçu des leçons
plus instructives et plus suivant les convenances, que celles d'un jockey.
Je lui disais que dans mon manège j'avais eu le soin de faire disposer
des tribunes commodes pour recevoir les mères ou les gouvernantes
des jeunes personnes qui venaient y prendre leçon sans cesser d'être
sous les yeux de leurs parens ou des personnes auxquelles elles étaient
confiées.

« Oui, vous avez raison, me dit-il, mais je donne environ 8,000 fr.
» par an, à mon piqueur anglais, pour dresser mes chevaux et les trai-
» ter quand ils sont malades. Tous ceux qu'il a traités sont morts à la
» vérité, et tous ceux qu'il m'a dressés sont devenus bien plus difficiles
» et dangereux en sortant de ses mains que quand ils sortent de l'écurie
» du marchand. Ce que cet homme fait admirablement bien, c'est
» un cirage pour les harnais, qui est d'un superbe luisant et qui ne
» ternit pas à la pluie ; s'il me faut encore payer dans un manège pour
» les leçons de ma fille, cela sera bien dispendieux.!» Que répondre à
un argument de cette force ? Je n'ai trouvé que ceci : Faites remettre
le bras de votre fille par votre piqueur anglais, qui a sans doute autant
de connaissance en chirurgie qu'en hippiatrique et en cirage !

conduisent leurs chevaux sans art ni justesse n'ayant été enseignées que par des jockeys; il ne faut pas s'étonner non plus s'il en est quelques-unes qui sont à la fois gracieuses et habiles à cheval ; c'est que, mettant les répugnances nationales de côté, elles ont senti le besoin d'honorer nos manèges de leur présence et nos leçons de toute leur attention.

Mais c'est un triste aveu à faire, il n'y a pas que les jockeys anglais qui donnent aux dames des leçons sinon mauvaises, du moins très-négligées ou très-insignifiantes. J'ai entendu des écuyers français qui ne manquaient pas de talent, tenir ce langage : « Les femmes n'ont pas » besoin de mener leurs chevaux comme des écuyers ; » d'ailleurs, les bonnes leçons les ennuient, et quand » on veut les rendre trop savantes, elles ne reviennent » plus au manège et vont chercher des maîtres moins » exigeans sur les principes. »

Alors, pour ne pas ennuyer l'écolière, et de crainte de la rendre trop savante, on se borne à lui placer à peu près la main de la bride et à lui faire tenir aussi à peu près ces mêmes rênes de la bride ; quant aux rênes du bridon, qui, pour être à l'anglaise, doivent être beaucoup trop longues et conséquemment très-embarrassantes, on les accroche dans la fourche droite de la selle, ce qui n'est pas sans danger de faire renverser le cheval, mais ce qui est beaucoup plus expéditif; puis on la met en selle, toujours à peu près avec un étrier bien court, ce qui lui place la cuisse horizontalement et lui donne tout de suite la mauvaise habitude de chercher son aplomb en faisant porter tout le poids du corps sur l'étrier. Quelquefois, dès la première leçon, on fait partir le cheval au petit galop, en soutenant l'écolière par le bras, et puis, après deux ou trois leçons semblables, on cherche à lui persuader qu'elle a des dispositions naturelles si heureuses qu'on peut bien la dispenser des leçons élémentaires, qui auraient d'ailleurs l'inconvénient de l'ennuyer. Et comme après avoir commencé par le galop, le trot ne paraît pas fort agréable aux dames, il en est beaucoup qui, après plusieurs mois de semblables leçons de galop *en promenade*, ne savent pas conduire leurs chevaux au pas dans le manège, et encore moins *passer un coin* pour avoir commencé juste par où il aurait fallu finir.

C'est surtout depuis que toutes les femmes, presque sans exception, sont atteintes de la manie passagère de se montrer *en amazone*, qu'on s'est nécessairement beaucoup relâché sur les soins à prendre pour leur éducation équestre. Quand les arts tombent dans le domaine de la multitude, on n'a pas le droit d'être bien difficile sur le choix des maîtres qui les enseignent au rabais. Et comme les femmes comprennent généralement très-facilement et très-vite, comme leurs impressions premières sont plus vives que les nôtres, elles doivent, bien plus que nous encore, se ressentir pour toujours de leurs premières leçons, bonnes ou mauvaises; et c'est pourquoi j'insiste si fortement pour qu'on ne néglige jamais la *leçon élémentaire, sans laquelle il ne peut y avoir de bonne leçon possible.*

On m'oppose, je le sais, qu'il y a beaucoup de femmes qui ne montent à cheval que par pure fantaisie, afin de se montrer trois ou quatre fois *en amazone* à la promenade, et qui y retournent rarement après ces trois ou quatre représentations, dont le but est presque toujours le même et qu'il ne faut pas une grande pénétration pour deviner.

Avec cette espèce d'écolières, je conviens qu'on ne saurait trop *dépêcher la leçon*, en employant des chevaux qui vont seuls au galop; car, attention, patience et constance ne sont guères les vertus que ces dames se piquent de pratiquer; elles veulent, dès la première leçon ou dès la première fois qu'elles louent un *cheval de promenade*, aller au galop fort et long-tems, et si l'écuyer qui donne leçon ou qui est seulement présent pour *accompagner* n'y met ordre, elles galopent jusqu'à extinction de leurs forces et de celles du malheureux cheval qui rentre *fourbu* à son écurie pour avoir été l'objet d'une préférence marquée. Mais, je le demande, est-ce sur le caprice de ces dames-là qu'un véritable écuyer doit régler son mode d'enseignement et les usages de son manège ?

Je ne le pense pas, car il ne manque pas de dames de bonne compagnie, assez patientes et assez bien disposées pour suivre avec attention les leçons d'un savant écuyer, de même qu'elles l'ont fait pour celles de tant d'autres professeurs d'art d'agrément. Plusieurs de ces dames ont montré un véritable goût pour l'exercice du cheval, avec d'autant plus de raison que les médecins le recommandent souvent comme exercice de santé ; il en est que les difficultés ne rebutent pas et qui attacheraient une certaine importance à mener leurs chevaux avec justesse et méthode ; cependant, il n'est que trop vrai que les dames de la société se dégoûtent des leçons de manège presque aussitôt que les autres, soit par la fatigue qu'elles éprouvent en ne montant que des chevaux ruinés et *endurcis* par le louage, soit par l'ennui que leur inspirent des professeurs bien au-dessous du médiocre, souvent très-mal élevés et presque toujours ayant beaucoup de prétentions au talent et aux bonnes manières.

Et comment en serait-il autrement? Cette belle et ancienne profession d'*Écuyer-Directeur de manège*, qui exigeait autrefois tant de titres à la considération des connaisseurs et des personnes du monde, et qui était toujours honorée de la protection du souverain, puisque tous les maîtres de manège, tant à Paris que dans les grandes villes de France, étaient quelquefois comme Dupaty de Clam, membres d'académies savantes, et avaient toujours titre et rang d'*Écuyer du Roi ;* cette honorable et noble profession est devenue le partage du premier venu qui a voulu l'exercer, sans être assujetti à aucun examen légal, bien plus heureux en cela que le plus humble maître d'école de village, celui-là ne peut enseigner à lire à des paysans sans avoir subi des examens sérieux et sans être muni d'un diplôme en bonne et due forme, payé à l'Université et délivré par elle, avec la réserve de le reprendre, si le pauvre magister ne justifie pas par la suite les conditions de talent et de moralité qui lui sont imposées. Au contraire, et comme par système de compensation, tout est permis au charlatan qui prend sans façon le titre d'*Écuyer*, même de faire casser les membres de ses complaisans élèves, si c'est son bon plaisir. Et, il faut bien en convenir, ce nom d'*Écuyer*, qui rappelle un titre d'antique *noblesse d'épée,* a dû paraître très-peu respectable et même assez ridicule aux yeux des générations nouvelles qui l'entendent donner indistinctement à des bateleurs et à des gens qui ont quitté leur métier pour se faire *professeur d'équitation pour les deux sexes.*

Aussi, depuis ces dernières années, j'ai entendu plus d'une fois de très-jeunes gens du petit commerce (et ces jeunes gens-là montent à cheval *à fond de train*, chassent la grosse bête et fument comme des grands seigneurs de la *nouvelle France*), employer indistinctement l'expression d'*écuyer* et de *maquignon*, comme étant, selon eux, tout-à-fait synonyme; cela se comprend. Mais si ces jeunes gens n'avaient eu affaire qu'à de véritables écuyers, ils ne seraient certainement pas tombés dans une erreur aussi grossière.

Mais ce qui a le plus fait de tort à l'équitation française et aux écuyers qui enseignent cet art avec plus ou moins de talent, est sans contredit, quand les *industriels* ont exploité les manèges, comme la *bande noire* a exploité les châteaux et les monumens qui faisaient le plus d'honneur à la France, et quand une ignoble concurrence a forcé les maîtres de manège à donner leurs leçons à vil prix et à louer leurs chevaux à tous venans. Alors *tout le monde* a monté à cheval, comme tout le monde va en voiture depuis l'institution des *Omnibus.* Mais si dans ces voitures, de même que dans les manèges, le nombre des habitués est, comme on dit aujourd'hui, *en progrès,* il faut convenir aussi que la société y est singulièrement mélangée.

Voulez-vous savoir si vous serez en meilleure compagnie à la promenade au grand soleil, il ne faut, pour vous en assurer, que vous asseoir quelques instans dans la grande avenue des Champs-Élysées, et examiner avec quelque attention la marche et la physionomie des cavalcades.

Quel est ce groupe de jeunes femmes montées sur des chevaux, dont les allures et l'équipement les font tout de suite reconnaître pour les chevaux d'un manège? Par leur similitude de manières et de ton, ces dames ont bien l'air d'appartenir à une même confrérie! Voyez comme elles font galoper leurs chevaux à toutes jambes à travers les diligences et les malle-postes! Riant comme des folles, le corps penché sur l'encolure du cheval, faisant de grands mouvemens de bras en lui saccadant la bouche, elles s'inquiètent peu si la jupe de leur amazone drape avec grâce et convenance ou si elle laisse une latitude illimitée à l'indiscrétion des zéphirs!

Ce sont des dames qui ont trouvé un industriel assez habile pour leur enseigner à monter à cheval en deux leçons et assez confiant dans sa recette équestre pour leur louer des chevaux à la troisième, des chevaux payés d'avance, bien entendu, et bien habitués à revenir seuls à l'écurie, si, avant le terme de la promenade, il y a eu solution de continuité entre eux et leurs cavalières. Si par malheur un cheval est *couronné* dans cette razzia, ou qu'une bride soit cassée, tant pis pour l'écuyer industriel; mais si c'est la dame qui se brise un membre, ceci rentre dans la catégorie des plaisirs qui ne

sont pas sans épines, c'est son affaire personnelle ; l'é-
cuyer industriel n'y peut mais, et il a de bonnes raisons à
donner à ceux qui penseraient à lui faire des reproches
du peu d'égards de ses chevaux envers le beau sexe, attendu qu'il ne répond pas *de la casse* (expression con-
sacrée).

Voilà où le *système industriel*, appliqué aux écoles
d'équitation, a réduit ces établissemens, qui s'étendent
jusque sur le territoire de la banlieue. Et malheureusement, ce n'est pas la seule plaie que ce système de
fourberie et de corruptoin a faite à notre pauvre
France depuis que les grands faiseurs sont à l'œuvre.

Et comme en sortant de faire un tel travail sous des
amazones aussi intrépides, des chevaux sont bien préparés pour donner leçon à une jeune personne malade
et timide, que le médecin envoie au manège pour hâter
sa convalescence !

Je le répète, depuis que toutes les femmes, presque
sans exception, veulent grossir la légion d'Antiope,
j'ai vu porter tant de jugemens étranges à leur sujet,
que je ne saurais trop conseiller aux dames qui me
feront l'honneur de lire cet ouvrage, d'attendre pour se
montrer à la promenade, qu'elles soient placées régulièrement, et *surtout bien assurées sur leurs chevaux*, afin de
pouvoir conserver cette tournure qui, à cheval, aussi
bien qu'à pied, fait tout de suite reconnaître la femme

de bonne compagnie ; j'ai expliqué comment la position irrégulière, l'inassurance et les mouvemens désordonnés, sont, pour une femme à cheval, le cachet bien prononcé de la mauvaise.

Si je n'avais pas prouvé par de nombreux exemples que l'on peut former de bonnes élèves en très-peu de tems, on pourrait croire qu'en désirant pour leur agrément et leur sûreté que les dames montassent à cheval dans la perfection, j'entendisse les tenir des années au manège ; mais c'est justement tout le contraire, car *mon système de leçons* a surtout l'avantage de leur enseigner mieux, plus promptement et sans effort ni fatigue. Mais, de même que pour l'instruction des hommes, je ne connais pas d'instruction possible sans ces *chevaux d'école*, qui sont d'indispensable nécessité dans un manège bien tenu ; ce n'est pas le grand nombre que j'entends, mais de ceux choisis et dressés pour les dames, qui ne servent autant que possible qu'à leur usage, qu'on ne vend pas par spéculation au risque de ne pouvoir les remplacer, et qu'on loue encore moins, parce que le meilleur cheval mis au louage est perdu en peu de tems pour la leçon.

> Tel est le triste sort de tout cheval loué,
> Souvent il est perdu, toujours il est gâté !

Je n'entends pas non plus que l'on fasse servir à la

leçon des dames de jeunes chevaux qu'on leur impro-
vise en arrivant des foires et pendant qu'ils jettent leur
gourme, fussent-ils les plus beaux et les meilleurs du
monde. Et comme de deux maux il faut choisir le
moindre, par cette rason, je préférerais encore le cheval de louage.

Je dois dire aussi que si le talent du maître est la condition première pour hâter les progrès des élèves en
peu de tems, il faut aussi que de la part de ces dernières
il y ait désir d'apprendre et confiance entière dans le
mérite de ce maître; qu'elles veuillent bien suivre avec
constance la marche progressive qu'il leur trace sans
vouloir aller plus vite que lui. Je ne comprends encore
aucun enseignement possible, quand les élèves, hommes
ou femmes, prennent leçon sans suite, par caprice et
comme on dit, *en s'amusant.* Et quant à la leçon particulière des dames, si elle exige tant de soins, d'égards et
de politesse de la part du maître, il faut aussi que les
écolières veuillent bien lui accorder une attention
suivie, car tout le talent et tout le zèle du meilleur
écuyer ne sauraient triompher de l'inattention des personnes les plus avantageusement disposées par la nature.

Ainsi que je l'ai déjà dit dans cette longue introduction, il est des écuyers qui négligent de donner aux
femmes des leçons suivies et raisonnées dans la crainte
de les ennuyer; et puis, disent-ils encore, il ne faut pas

effrayer les écolières par des explications qui admettent qu'elles peuvent être jetées à terre, et alors on cherche à leur persuader *qu'une chute de cheval est chose impossible*, et puis la leçon se passe en lieux communs, afin de distraire l'écolière de tout ce qui pourrait lui inspirer de la crainte ou seulement de l'inquiétude.

C'est fort bien d'encourager ses élèves, mais il faut que leur confiance soit raisonnée, autrement ce n'est plus ce sentiment qu'on leur inspire, c'est une témérité aveugle qui peut avoir des effets d'autant plus funestes qu'il est des femmes qui y sont portées naturellement. C'est donc en quelque sorte provoquer les accidens, dont on voit si fréquemment des exemples, que de vouloir cacher le danger partout où il est réellement, et il y a d'autant plus de raison d'engager les écolières à être prudentes à cheval, qu'elles ne sont pas toujours accompagnées d'un écuyer habile sans cesse occupé de leur aplanir les difficultés par une infinité de soins et de prévoyance dont lui seul a le secret.

S'il est peu de femmes qui sachent mener leurs chevaux seules, sans le secours d'un écuyer, il y en a encore moins qui puissent reconnaître si ceux qu'elles montent tous les jours et qui leur appartiennent, sont bien ou mal sellés, bien ou mal bridés. Cependant, il ne suffit pas d'ajuster un *équipement de selle* à son point, pour qu'il reste toujours dans la même situation, et

3

soit convenable pour ne pas gêner ni blesser le cheval.
Une *gourmette* peut l'empêcher de marcher et même
l'exciter à se cabrer si elle se trouve beaucoup plus
serrée qu'à l'ordinaire, et si la personne qui monte le
cheval ne modifie pas les effets de sa main, suivant l'effet
douloureux que le mors peut acquérir par l'effet de
cette *gourmette* trop courte, de même que le cheval
n'obéira plus aux arrêts, si cette *gourmette*, trop lâche,
cassée ou décrochée, devient nulle et permet au mors
de faire la bascule. Les *montans de la bride* trop longs ou
trop courts placeront aussi le mors trop haut ou trop
bas dans la bouche du cheval, il manquera son effet en
faisant encore souffrir l'animal. La selle, mal placée, mal
appropriée au garot ou au dos, blessera le cheval à ces
parties délicates et difficiles à guérir. Tous ces soins sont
rarement observés par les domestiques, qui peuvent
entendre très-bien le service de l'écurie, sans connaître
parfaitement l'*équipement régulier et au point*, ce qu'ils
ne peuvent apprendre que des écuyers, quand les maîtres ont le bon esprit de les envoyer pendant quelques
mois au manège ; ces raisons ont déterminé quelques-
unes de mes écolières à apprendre à seller et brider
leurs chevaux elles-mêmes, afin de pouvoir juger d'un
coup d'œil si ceux qui leur sont présentés le sont exactement.

Toutes celles qui ont eu des chevaux leur appartenant et qui en font un usage habituel, m'ont témoigné par la suite toute leur satisfaction, quand, après avoir voyagé en pays étrangers, elles n'avaient pu trouver des domestiques assez au fait de ce service pour ne pas risquer de blesser le cheval pour long-tems.

En fixant le cours d'équitation des dames à trente-six leçons, on reconnaîtra que, loin de vouloir les tenir trop long-tems au manège, il est impossible de leur enseigner tout ce qu'elles doivent savoir dans un tems plus limité, car je tiens essentiellement à ce que ces trente-six leçons se prennent dans le délai de deux mois au plus. Si on pouvait prendre régulièrement leçon chaque jour, plutôt deux fois qu'une, ce serait préférable (1).

Les femmes qui ont le plus de facilité pour obtenir une belle position en peu de tems, et par conséquent à être plus d'aplomb sur la selle, sont généralement les personnes grandes et élancées. La longueur de la cuisse,

---

(1) Il y a long-tems que j'ai dit et écrit, qu'après l'obligation de louer des chevaux, la plaie des manèges était celle de donner leçon *au cachet*. Les abonnemens au mois ou demi-mois, comme c'était anciennement l'usage, sont le seul moyen de former de bons élèves en peu de tems, en facilitant au directeur ou propriétaire du manège les moyens de régulariser ses heures de leçon, et de les diviser *en haute et basse école*, ce qu'il ne peut faire qu'avec un nombre de chevaux classés pour ces deux services, et en rapport avec le nombre d'élèves

et de la jambe est un avantage, en ce qu'à droite, elle permet de bien envelopper la fourche de la selle et à poser facilement la jambe sur toute l'étendue de l'*a-vance*. Cette longueur n'est pas moins avantageuse à gauche, en ce qu'elle permet à la jambe de tomber bien d'aplomb sur l'étrier et pour faire arriver l'*aide* à sa place, aide qui est absolument nulle chez les petites femmes dont le pied gauche ne descend pas si bas que le quartier de la selle.

Les très-jeunes personnes, celles de douze à quinze ans, sont surtout celles qui apprennent le plus vite et le plus facilement. Pour le développement de leur croissance et de leurs forces, cet exercice est quelquefois si salutaire, qu'on peut dire qu'il a fait des miracles. J'en ai acquis l'expérience pendant de longues années, en donnant des *leçons de santé* à beaucoup de jeunes personnes envoyées à mon manège par des médecins en réputation, qui avaient approuvé mon enseignement après s'y être soumis eux-mêmes. Mais ce sont

qui viennent chaque jour au manège. C'est parce que tous les écuyers ne se sont point entendus pour faire revivre cet ancien usage des leçons *au mois*, et c'est parce que la *concurrence* fait réduire chaque jour le prix des cachets déjà trop réduits, qu'il est presqu'impossible de former une reprise de six élèves à peu près de la même force, que la leçon de longe ou élémentaire est impossible, et que la condition de maître de manège est devenue de plus en plus déplorable.

surtout les leçons de santé qui exigent impérieusement que l'écuyer qui les donne, soit un homme instruit autant que prudent, car il arrive souvent que l'état faible et languissant des jeunes personnes provient d'une croissance excessive; dans ce cas, il ne faut employer que des chevaux d'allures très-douces, rester long-tems au pas et arrêter souvent sur place pour reposer la jeune écolière, car l'extrême fatigue qui résulterait de fausses positions et de leçons mal entendues, pourrait faire dégénérer la faiblesse en une maladie réelle. Je dirai encore que si les bonnes leçons d'équitation développent si avantageusement la taille des jeunes personnes dans cet état d'extrême croissance dont je viens de parler, les mauvaises leçons, les leçons forcées tendent à faire rentrer la poitrine en arrondissant les épaules.

Cette vérité bien connue des hommes de l'art, ne l'est point assez des personnes du monde. Généralement on prend sans examen et sans informations préalables un professeur d'équitation pour ses enfans; c'est rarement au mérite reconnu que l'on donne la préférence, c'est souvent le hasard qui décide. Je le répète à regret, on choisit très-légèrement un maître d'équitation pour sa fille ou sa femme, tandis qu'on est fort long-tems à se décider pour le choix d'un maître de chant dont le nom doit avant tout se terminer en *o* ou en *i*. Cependant, les conséquences qui résulteraient du choix d'un maître de chant médiocre ne pourraient jamais être que des contrariétés, tandis que celles qui seraient la suite de l'ignorance ou de l'imprudence d'un maître d'équitation pourraient entraîner des accidens fâcheux qu'il eût été facile de prévoir et d'éviter avec un peu d'observation.

Mon but, en publiant cet ouvrage, a été :

1° De faciliter aux dames qui ont déjà reçu de bonnes leçons, et qui me feront l'honneur de le lire, les moyens de se perfectionner, en raisonnant les points les plus importans et les plus difficiles de l'équitation, questions que très-peu d'écuyers traitent à fond ;

2° De rectifier le jugement de celles qui en auraient reçu de mauvaises ;

3° D'avertir les parens qui ont le désir de faire donner des leçons d'équitation à leurs filles, du danger de confier trop légèrement des jeunes personnes à l'ignorance et à l'imprudence de certains maîtres. Avertissement que je crois d'autant plus utile qu'il pourra en même tems les mettre à même d'apprécier le mérite réel de quelques bons écuyers que je m'impose de ne pas nommer, parce que plusieurs sont mes amis et que je ne veux pas que cet ouvrage ressemble en rien à un *prospectus ;*

4° Enfin, de communiquer aux jeunes élèves-écuyers

qui désirent se livrer à l'enseignement des dames, le développement raisonné d'une leçon qui est peu connue des meilleurs maîtres, je ne crains pas de l'avancer, et que j'ai été assez heureux de recevoir moi-même d'écuyers d'un grand mérite dans ce genre. Mais c'est un avis que ma conscience m'impose de donner aux jeunes gens bien élevés qui seraient tentés de suivre cette carrière d'*écuyer, maître de manège* ou *professeur d'équitation*.

Cette profession est fort honorable, sans doute, elle met en rapport avec les personnes les plus distinguées et elle procure quelquefois d'agréables illusions; mais elle est aussi bien dégénérée, bien déconsidérée et bien peu lucrative aujourd'hui. Il y aura bientôt autant d'établissemens équestres que d'estaminets. Le jeune élève-écuyer qui désire se placer dans un manège, après avoir lui-même suivi les leçons d'un bon maître, doit d'abord faire abnégation de ce qu'il aura pu apprendre de ce dernier pour travailler selon les erremens du patron qui voudra bien l'employer; car aujourd'hui chaque professeur a sa manière particulière de monter à cheval et de donner leçon. Ce ne sont plus de légères *différences d'école*, comme il y en eut entre M. le marquis de Chabannes et M. le vicomte d'Abzac et entre quelques autres écuyers aussi célèbres; ces différences sont si énormes, ce que l'un vante comme le beau idéal de l'art, l'autre le critique avec tant d'amertume, que chaque principe bon ou mauvais est devenu chose si personnelle, que je serais tenté de les appeler *différences d'animosité*. Mais ce jeune aspirant à une place d'écuyer, que je suppose montant passablement à cheval, et homme du monde, doit s'attendre à être en concurrence permanente avec une foule d'individus qui n'ont jamais appris à tenir leurs rênes, mais qui ne se croient que plus capables de donner des leçons d'*équitation instinctive*, comme ils le voient faire à d'autres qui n'en savent pas plus qu'eux. Tous ces aspirans écuyers vont s'offrir de manège en manège comme les compagnons sans ouvrage s'offrent dans les ateliers de mesuiserie et de charpente. Et c'est assez dire qu'avec autant de concurrens les places sont rarement vacantes.

Mais j'admets que notre jeune homme ait réussi à se caser dans un manège, et que même il se soit fait parmi les élèves du patron qui l'emploie, quelques admirateurs qui l'engagent à prendre lui-même un manège *où tout le monde ne manquerait pas de le suivre !* Si ce jeune homme est assez dupe ou assez vain pour prendre ces belles promesses pour argent comptant, et qu'avec un peu de fortune, il soit assez assez mal inspiré pour vouloir aussi former une école d'équitation à la moderne, c'est-à-dire un établissement dans lequel on loue des chevaux d'abord, et où l'on donne des leçons ensuite, il est certain de dissiper son patrimoine en très-peu d'années. Et après s'être donné bien de la peine, bien des tourmens, après avoir essayé de *toutes les industries* pour soutenir son manège, après avoir fait de tout, en un mot, EXCEPTÉ DE L'ÉQUITATION, il se trouvera ruiné sans que ses élèves les plus dévoués et les plus riches pensent à venir à son secours pour *le progrès de l'art et le bien du pays.* Quant à l'honnête homme qui voudra monter un manège par entreprise ou par action, c'est-à-dire avec l'argent des autres, je dis que ce sera encore un plus grand malheur pour lui, car le premier que je viens de citer en sera quitte pour la perte de sa fortune, le second risquera d'y voir sa réputation, son honneur et son repos à jamais compromis.

Et tel sera, à peu d'exceptions, le sort des directeurs de manège à Paris et en France, tant que le gouvernement ne sentira pas la nécessité de créer une école royale d'équitation digne de servir de modèle aux autres, et d'exercer une favorable influence sur ces établissemens qui exigent trop de frais journaliers pour pouvoir se soutenir convenablement et honorablement par leurs seules ressources. Livrés comme ils le sont à la honteuse *concurrence* de tous les charlatans présens et à venir, un tel état de choses ne peut manquer d'amener l'anéantissement de l'art équestre et la ruine de ceux qui l'exercent.

OBSERVATION.

Comme je suis obligé de renvoyer souvent à mon TRAITÉ RAISONNÉ D'ÉQUITATION D'APRÈS LES PRINCIPES DE L'ÉCOLE FRANÇAISE, je crois devoir avertir que le renvoi à cet ouvrage sera toujours indiqué dans l'Équitation des Dames *par cette abréviation :* (Voy. *T. R.*, chap....)

ÉQUITATION DES DAMES.

CHAPITRE PREMIER.

PRÉPARATION POUR MONTER A CHEVAL, OU LEÇON DU MONTOIR.

Cette préparation est indispensable pour s'assurer de l'obéissance du cheval pendant qu'on le monte. (Voy. *T. R.*, chap. IV.)

On doit supposer qu'un véritable cheval de femme est bien dressé *au montoir*, et qu'il est presque toujours tenu pendant cette opération. Cela doit être ainsi, mais comme le cheval le mieux dressé peut s'effrayer par le bruit ou par la vue d'un objet inattendu pendant qu'on le monte, et comme il arrive quelquefois qu'on n'a personne pour le tenir au moment où l'on place la dame sur la selle, il est indispensable que les écolières apprennent à disposer leurs rênes de manière à pouvoir s'assurer de l'immobilité du cheval avant de monter, comme dans le moment où elles se posent sur la selle, afin d'éviter une surprise ou du moins de pouvoir la réprimer à propos par un arrêt sans secousse.

Il est bon aussi qu'une dame apprenne à faire l'inspection des parties principales de l'équipement de son cheval avant de le monter. C'est-à-dire de remarquer par un coup d'œil rapide, s'il est bien ou mal bridé, si le mors ne le gêne pas, si la selle n'est pas trop en avant ou trop en arrière et assez sanglée pour ne pas tourner, et surtout pas trop sanglée, ce qui, dans ce dernier cas, gêne la respiration et les mouvemens du cheval, et peut encore l'exciter à bondir et à rompre les sangles (1).

Il faut encore que la dame, en s'approchant de son cheval pour le monter, remarque si celui qui le tient a soin de le placer droit et bien d'aplomb sur le sol, car si ses jambes n'étaient pas bien placées, l'animal, en rétablissant cet aplomb, pourrait marcher sur les pieds de la personne qui s'apprête à le monter, déplacement qui peut avoir encore lieu si elle tire trop fort sur les rênes.

---

(1) Je ne parle pas ici de la *croupière*, cette partie essentielle de l'équipement qui est si utile pour empêcher la selle de femme de venir en avant, ce qui arrive presque toujours, quelque soin que l'on prenne à serrer les sangles avec l'inconvénient très-grave de charger les épaules du cheval du poids du cavalier, et de le forcer ainsi à faire souvent des faux pas et même à s'abattre, si ce cavalier est lourd, danger qui s'accroît en raison directe de l'inclinaison descendante de la route que l'on parcourt. Un autre inconvénient de l'absence de croupière, est de blesser le cheval sur le garot. Pourquoi donc supprimer la croupière, si elle est vraiment si utile et pour la sûreté du cavalier et pour la conservation du cheval ? Voilà ce que toute personne de bon sens serait en droit de demander. C'est que les *donneurs de genre* ont arrêté que la croupière *déshonore le cheval de sang*, déshonneur qui retomberait encore sur le cavalier qui oserait en mettre une à sa selle. Or donc, pour remédier, quoique très-imparfaitement, au manque de

Tous ces détails sont l'affaire de l'écuyer, je le sais, mais il faut qu'une femme qui a pris suffisamment de leçons au manège puisse se passer d'un écuyer.

La dame se placera de trois quarts en arrière de l'épaule du cheval, c'est-à-dire que son côté droit soit tout près du quartier de la selle, tandis que le gauche en sera plus ou moins éloigné, selon la largeur de la poitrine. La tête haute, le regard dirigé sur les oreilles du cheval, les épaules bien effacées, la poitrine ouverte sans effort, le corps d'aplomb et bien grandi, les jambes assemblées, les jarrets tendus, les talons se touchant, les pointes des pieds légèrement tournées en dehors, les bras tombant naturellement près du corps, le fouet tenu *bas* dans la main droite, et la queue de l'amazone tenue dans la main gauche.

Puis elle doit aisément et sans rien presser, en observant de bien marquer chacun des tems que j'indique ici par ordre numérique :

1° Prendre le bouton des rênes avec le pouce et l'index de la main droite et enlever cette main perpendiculairement au-

---

croupière, on sangle les pauvres chevaux comme pour les étouffer, ce qui les rend assez souvent *poussifs et cornards*, et leur occasionne aussi des ruptures d'intestins quand on leur fait franchir des barrières étant ainsi sanglés à l'excès. Tous ces accidens résultant de l'absence de croupière n'ont pas empêché plusieurs anglomanes, de proposer sérieusement de supprimer la croupière des chevaux de cavalerie. On raconte qu'un personnage essentiellement ridicule et qui, par cette raison, est une autorité aux yeux de certaines gens à la mode, s'est vivement récrié en voyant pour la première fois la statue équestre de Louis XIV, placée dans la cour du château de Versailles. Il faut dire que le statuaire, ayant eu la maladresse de ne pas consulter les exigences anglomanes, n'a pas craint de mettre *une ignoble croupière* au cheval du Grand Roi!... Ce qui, suivant l'expression bannale dudit personnage, est du dernier *rococo*, et gâte singulièrement une statue qui, du reste, était *crânement ficelée !* (historique).

dessus de la fourche de la selle, le bras moelleusement arrondi, ayant soin de passer le fouet sur l'épaule droite du cheval et de manière à ne point l'en effrayer, c'est-à-dire de faire passer adroitement la mèche par-dessus l'encolure sans la toucher;

2° Marquer légèrement l'arrêt par le bouton des rênes, supposant le cas où le cheval voudrait se porter en avant et où il n'y aurait personne pour le tenir. Pl. II;

3° Poser le creux de la main droite bien d'aplomb sur l'extrémité de la fourche gauche, sans lâcher le bouton des rênes et le fouet, ce dernier assuré le long de l'épaule droite du cheval, de manière à ce qu'il ne puisse le voir.

Lâcher ensuite la queue de la jupe et poser la main gauche sur l'épaule de l'écuyer pour se préparer au tems d'*enlever*. Pl. II;

4° Ployer le genou gauche pour élever le pied de terre de manière que le talon gauche ne soit pas tout-à-fait aussi haut que le genou droit; ce dernier doit rester tendu.

Ici l'écuyer doit prendre le pied de la dame de la main gauche, les doigts tournés en l'air; il faut bien observer de prendre le pied à l'endroit de sa cambrure, pour éviter d'en comprimer les doigts au moment d'*enlever*. L'écuyer doit surtout éviter de faire lever le pied gauche trop haut, car, outre la mauvaise grâce qui en résulterait, le jarret serait privé de l'extension nécessaire pour déterminer le *tems d'enlever* (1).

En même tems l'écuyer place sa main droite sous le bras

(1) Il faut, pour que la dame ne lève pas la jambe gauche trop haut, que celui qui la met à cheval se baisse assez pour lui éviter cette position gênante et disgracieuse. J'ai vu des écuyers qui, au lieu de se baisser, trouvent plus commode de se tenir tout droit. Alors il faut bien que la dame s'efforce de lever le pied

Préparation pour monter à cheval

^e temps. La Dame tient son cheval sur place en le sentant
dans la main.

Lith. de Thierry frères.

gauche de la dame et près de l'aisselle, en ayant soin de bien renverser son pouce pour ne pas comprimer et causer de la douleur, surtout si la dame s'enlève difficilement, ce qui arrive toujours avec les écuyers qui n'ont pas une grande habitude de mettre des femmes à cheval, parce qu'ils serrent fortement les doigts, tandis qu'on doit les laisser ouverts. La perfection est de placer une dame sur son cheval sans effort et sans presque la toucher.

Quand l'écolière est leste et qu'elle s'enlève très-facilement, l'écuyer, au lieu de placer sa main sous le bras gauche de la dame, doit alors la placer un peu au-dessus de la hanche, ce qui est plus gracieux;

5° Ployer un peu le genou droit en comptant *une*, puis redresser promptement le jarret gauche *au tems de deux*, en s'aidant de la main de l'écuyer comme d'un étrier et en appuyant sur la fourche de la selle de la main droite, et de la main gauche sur l'épaule de l'écuyer.

Il faut s'enlever le plus droit et le plus haut possible afin de se poser en selle en descendant légèrement sur cette selle, et non en s'y plaçant par secousse et à plusieurs reprises. **Pl. III.** Ce mouvement de descendre doucement et légèrement sur la selle est très-gracieux et il a l'avantage d'empêcher la jupe de se tordre autour des hanches, comme cela arrive toujours quand l'écuyer n'est pas bien au fait de cette préparation. C'est parce que jusqu'à présent on n'a point analysé cette leçon du *montoir* pour les dames, d'après des principes fixes pour la rendre facile et uniforme, que chaque écuyer adopte

---

gauche pour atteindre la main qui doit lui servir d'étrier; si celui qui lui tend cette main est très-grand et que la dame soit très-petite, que de peine et d'efforts pour que cette dernière puisse arriver sur la selle, et encore de très-mauvaise grâce.

une manière particulière à lui seul; aussi il arrive presque toujours qu'une dame qui s'enlève facilement sur son cheval avec l'aide d'un écuyer auquel elle est habituée, est comme clouée à terre quand elle veut y monter avec l'aide d'un autre.

Il y a aussi des écuyers qui reculent un pas ou deux pendant le *tems d'enlever*. C'est une grande faute, parce qu'alors au lieu d'élever la dame verticalement, elle arrive par une succession de secousses presque horizontalement sur la selle au lieu de s'y placer par un seul tems. Il faut, au contraire, avancer le plus près du cheval, ce qui donne la facilité d'enlever la dame beaucoup plus haut et plus droit.

L'écuyer ne doit pas trop lever la main qui sert d'étrier dans le moment où la dame tend le jarret gauche pour s'enlever; il doit aussi enlever sa main droite avec beaucoup d'accord et une certaine vigueur. Pour que l'écolière et l'écuyer accordent bien ensemble ce tems d'enlever, il faut, comme je l'ai dit, compter *une*, *deux*.

Il y a des dames qui ont l'habitude et qui préfèrent passer la cuisse droite dans la fourche, au moment même où elles se posent sur la selle; ce tems est peut-être plus gracieux, mais il exige un cheval d'une parfaite immobilité *au montoir* ou qui soit tenu.

Dans ce cas, il faut se garder de tenir les rênes, on doit les laisser sur l'encolure, autrement elles pourraient s'engager dans la fourche et empêcher la cuisse de s'y placer;

Etant assise sur la selle,

6° Élever la main droite, plus ou moins, suivant la longueur des rênes, en *sentant* doucement la bouche du cheval par le *bouton* des rênes, le fouet placé perpendiculairement le long de l'épaule du cheval, afin qu'il ne puisse le voir et s'en effrayer.

Suite du 5e tems apiès s'être enlevée la Dame se pose doucement en Selle

Lith. de Thierry frères.

7e tems. La Dame se tient sur l'étrier; l'Écuyer dispose les plis

Passer la cuisse droite dans la fourche, en conservant le haut du corps bien d'aplomb et assuré sur sa base.

Ici l'écuyer place le pied de la dame dans l'étrier, en l'*ajustant au point*, s'il n'y est déjà, ayant soin de faire remonter la boucle de l'étrivière autant que possible, afin d'éviter qu'elle blesse la jambe par son frottement.

Pour bien disposer les plis de la jupe,

7° Saisir les crins avec la main gauche, vers le milieu de l'encolure et poser la main droite sur la fourche de la selle de ce côté, sans quitter le bouton des rênes, ainsi que le fouet et sans tirer sur la bouche du cheval.

8° S'enlever sur l'étrier le plus droit possible par la tension du jarret gauche, en se soutenant par l'appui des mains sur les crins et sur la fourche de la selle.

Ici l'écuyer dispose la jupe pour qu'elle tombe d'aplomb sans faux plis qui puissent la faire tourner et brider sur les hanches, ce qui doit se faire dans un instant. Pl. III.

9° Se remettre en selle; soutenir le bouton des rênes de la main droite à la hauteur de la bouche (si les rênes sont d'une juste longueur); poser la main gauche sur les rênes, le petit doigt entre les deux et près de la main droite; *descendre* la main gauche sans secousse, sans tirer sur la bouche du cheval pour la placer à la première position; lâcher le bouton des rênes de la main droite qui doit se placer à côté de la gauche.

10° Oter à demi la cuisse droite de la fourche pour l'y replacer après que l'écuyer a disposé la jupe de manière à ne pas gêner le jarret ni la jambe droite; cette dernière devant poser naturellement sur l'*avance* de la selle, et le plus à plat possible depuis le jarret jusqu'à la cheville. Le bas de la jupe doit tomber d'aplomb, afin de bien couvrir le bas de la jambe et le pied, sans avoir recours à l'*épingle à fermoir* qui a tou-

jours l'inconvénient d'*engager le pied* et la jambe, et de déchi-
chirer la jupe (1).

Cette leçon du *montoir*, ainsi divisée en dix tems princi-
paux, faits justes et sans précipitation, ne doit pas durer plus
d'une demi-minute.

Il y a aussi un moyen par lequel une dame peut se placer
sur son cheval sans l'aide de personne, mais il faut que le cheval
soit tenu, ou qu'il soit bien habitué à rester en place :

Il faut d'abord que l'étrivière soit plus forte et plus de résistance que celle que l'on emploie ordinairement pour les
selles de femme.

Il faut allonger cette étrivière assez pour pouvoir atteindre
l'étrier étant à terre, sans faire remonter la boucle, afin de
pouvoir la mettre *au point* après être monté.

Quand on a placé le pied gauche dans l'étrier *ou sabot*, et le
plus avant possible, il faut poser le creux de la main gauche
sur la fourche de ce côté, puis saisir le derrière de la selle
vers le milieu avec la main droite pour s'enlever ainsi le plus
droit possible, en s'aidant beaucoup des deux mains, afin d'é-
viter que tout le poids du corps porte sur l'étrier, ce qui ferait
toujours tourner la selle plus ou moins. Quand le jarret bien
tendu a complètement redressé le corps, il faut passer la
jambe droite par dessus la gauche pour mettre la cuisse de ce
côté dans la fourche, en se plaçant en selle du même tems.
Mais arrivée sur la selle, la dame ne peut plus atteindre son

---

(1) Depuis long-tems j'ai reconnu que les jupes d'amazones devaient être sans
queue, c'est-à-dire coupées de manière que le devant soit aussi long que le derrière. C'est surtout le devant qui doit avoir la longueur et l'ampleur suffisantes
pour couvrir complètement le pied et la jambe, alors l'épingle devient inutile. Les
jupes dont la queue traîne jusqu'à terre peuvent être dangereuses, et le cheval
finit toujours par marcher dessus.

étrier qui devient beaucoup trop bas ; il faut donc accourcir l'*étrivière* pour l'ajuster, et puis faire remonter la boucle pour qu'elle ne blesse pas ; puis, disposer la jupe de l'amazone et tout cela soi-même ; car, en supposant l'aide d'un tiers, il vaudrait beaucoup mieux monter comme je l'ai premièrement indiqué.

Tout cela n'est ni commode ni gracieux et n'est encore praticable qu'autant que la dame est grande et leste et le cheval peu élevé, ce serait impossible pour une petite femme avec un grand cheval.

Quant à monter avec l'aide d'un banc, d'une chaise ou même d'un escalier mobile, comme je l'ai vu faire en pays étrangers, cette manière, outre sa mauvaise grâce, n'est pas sans danger, car la chaise ou le banc peuvent tomber dans les jambes du cheval et causer de graves accidens ; si je l'indique ici, c'est uniquement afin de prévenir contre son danger.

CHAPITRE II.

LEÇON POUR DESCENDRE DE CHEVAL.

La dame, après avoir allongé ses rênes en les prenant de la main droite placée *au repos*, pose cette main comme en montant sur la fourche gauche de la selle, dégage son pied de l'étrier et donne la main gauche à l'écuyer qui la soutient de ce côté Pl. IV, pendant qu'elle s'aide de sa main droite appuyée sur la selle pour ne pas tomber trop brusquement à terre. Ici l'écuyer doit soutenir la jupe de manière à ce que la dame ne marche pas dessus en mettant pied à terre. La dame doit s'élancer un peu en avant, ayant soin d'arriver à terre sur la pointe des pieds, en ployant les genoux, afin de pouvoir réagir sur elle-même en redressant les jarrets. Quand, au contraire, on se laisse tomber de tout son poids avec les pieds à plat, c'est-à-dire la pointe et le talon en même tems, la secousse est très-désagréable.

Pl. 4.

Chap.e 2.

Leçon pour descendre de cheval.

La Dame descend en donnant la main à l'Écuyer.

Lith. de Thierry Frères.

L'Écuyer aide à la Dame à descendre en la soutenant
des deux mains.

Avec une femme de petite taille, montée sur un grand cheval, il vaut mieux qu'elle abandonne les rênes, et que l'écuyer l'aide à descendre en la soutenant de ses deux mains au-dessus des hanches ou sous les bras. Pl. IV.

Il faut toujours, après être descendu, s'éloigner du cheval, en se dirigeant vers la tête et jamais du côté de la croupe, supposant toujours un cheval susceptible de frapper des pieds de derrière.

CHAPITRE III.

DE LA LEÇON DE PIED FERME OU SUR PLACE.

Elle commence immédiatement après celle du montoir.

Elle est indispensable pendant les cinq ou six premières leçons.

Aussitôt que l'écolière est à cheval, l'écuyer doit commencer par la placer le plus droit possible sur la selle, en lui expliquant sommairement les avantages qui résultent d'une bonne position d'*assiette* ou de *base*. Il doit lui faire comprendre : que cette parfaite assiette ne peut s'obtenir que par la position très-régulière de toutes les parties du corps souples et aisées ; que la grande régularité de position est l'unique moyen de vaincre les plus grandes difficultés sans effort comme sans danger ; que la grâce, que tout le monde recherche avec raison, ne peut s'obtenir par des règles fixes, mais qu'elle vient immanquablement d'elle-même par suite des

Chap. 3.

Façon de faire-frapme ou se placer.

Division des tems pour ajuster les rênes et pour les changer de main.

Lithe de Thierry frères.

bonnes leçons, c'est-à-dire de celles qui sont données avec méthode par un bon maître, et reçues avec attention par une élève qui désire apprendre.

Cette leçon de pied ferme aura pour but :

1º De bien établir la position de toutes les parties du corps, étant arrêté sur place et suivant les douze principes généraux de position ;

2º De placer la main de la bride à la première, deuxième, troisième et quatrième position (Voy. *T. R.*, chap. XIV);

3º De répéter les changemens de rênes d'une position à l'autre (Voy. *T. R.*, chap. XIV);

4º D'ajuster les rênes en divisant les tems. Pl. V (Voy. *T. R.*, chap. XIV);

5º De porter le cheval quelques pas en avant, de l'arrêter sur place et de le faire reculer *par la retraite du corps* (Voy. *T. R.*, chap. XV);

6º De diriger les épaules du cheval à droite et à gauche par le plus petit mouvement possible de la main de la bride et sans fausser ni raidir le poignet.

Ici je dois faire une observation importante :

Pour que le cheval dirige ses épaules à droite et à gauche, ou, ce qui est la même chose, pour apprendre à le faire tourner à droite et à gauche par le plus petit effet de la main, et sans *fausser* ni *estropier* le poignet, il est indispensable de le faire marcher deux ou trois pas avant de porter la main à droite, ou à gauche pour y diriger les épaules; en observant ce principe fondamental, le plus léger *sentiment de la main* suffira pour le faire obéir, et alors la rêne droite, faisant plus d'effet que l'autre, déterminera la tête et les épaules à droite, comme la rêne gauche, faisant plus d'effet que la droite, déterminera la tête et les épaules à gauche.

Si, au contraire, et comme le font à tort plusieurs maîtres, on veut diriger les épaules à droite et à gauche, sans commencer par leur donner le mouvement en avant et pendant que le cheval est sur place, il faut nécessairement qu'il se croise les jambes et recule pour obéir à la main, et il faut encore que le mouvement de la main soit beaucoup plus grand, ce qui est disgracieux, comme position, et essentiellement faux, comme *aide.*

Alors deux vices graves résultent de cette mauvaise leçon :

Le premier, c'est qu'en faisant un grand mouvement de la main à droite, nécessairement la rêne gauche se couche sur l'encolure de ce côté et tire beaucoup plus fort que la droite, ce qui amène naturellement le cheval à porter la tête à gauche, conséquemment à prendre le *pli* à faux (Voy. *T. R.*, chap. XLVIII);

Le second vice est de fausser le jugement de l'écolière dès la première leçon qu'on lui donne, en la laissant dans cette erreur, que *l'on doit faire tourner son cheval à droite, par la rêne gauche, et à gauche, par la rêne droite.*

Pour bien comprendre tous les avantages qui résultent *du juste emploi des rênes, quand la main est bonne*, et des dangers qui sont la conséquence *du faux emploi des rênes, quand la main est mauvaise*, il faut nécessairement lire avec attention ce que j'ai écrit sur cette matière, l'une des plus savantes et des plus importantes de l'équitation (Voy. *T. R.*, chap. XVIII).

Je dois avertir que tous les mots soulignés dans ce petit ouvrage, ont été consacrés dans les bons manèges et suivant les traditions des meilleurs auteurs. Les personnes qui désireront avoir, à cet égard, des explications plus étendues, devront consulter mon *Traité raisonné.*

Comme généralement les dames éprouvent une grande fatigue en prenant les premières leçons, et comme cette fatigue

amène souvent la courbature, on doit éviter avec soin de
provoquer cette indisposition par une leçon trop longue.
Ainsi, la leçon de pied ferme et celle en marchant, ne devront
jamais durer plus de trois quarts d'heure. On pourra mettre
un jour de repos entre chaque jour de leçon, mais il vaut
mieux les prendre de suite, en les faisant plus courtes dans le
début.

CHAPITRE IV.

NÉCESSITÉ DE LA BELLE POSITION (pl. V).

De même que pour la position des hommes, je divise celle des dames en *douze principes généraux*, dont il importe de bien connaître la nomenclature, d'abord. Quant aux grands développemens dont ils sont susceptibles, lesquels sont appuyés par des démonstrations géométriques, ils ne sont pas ·indispensables pour la personne qui prend leçon, mais ils le sont pour celui qui la donne. C'est pourquoi je ne saurais trop engager l'amateur ou le jeune écuyer à en prendre connaissance (Voy. *T. R.*, chap. III).

Je me bornerai donc ici à analyser ce que j'ai longuement expliqué et prouvé dans l'ouvrage précité. C'est qu'en équitation, la *belle position*, la position régulière, qui est aussi *la position la plus solide et la plus sûre*, *est tout ;* une fois obtenue et conservée dans tous les mouvemens du cheval, le reste

Chap.^e 4.

Marche de la Selle seultion.

Étant sur place l'haut du corps doit pour être d'aplomb sur la base; En marchant il doit se
porter un peu plus en arrière.

Lith. de Thierry frères.

n'est plus qu'un jeu. Sans la belle position, il ne peut y avoir aucun moyen possible de solidité sur le cheval, ni d'exécution pour le faire obéir aux choses les plus simples, comme les plus savantes qu'on veut exiger de lui. La belle position donne la grâce et la stabilité de l'assiette, conséquemment la confiance ; et *l'accord des aides*, ce grand secret de la science équestre, vient naturellement et presque seul, quand une fois la position est régulière et assurée.

NOMENCLATURE

des douze principes généraux de position, servant à établir la belle et bonne position d'une femme à cheval.

1° *La tête haute sans affectation,*
   et bien libre entre les épaules.

2° *La poitrine élevée et bien ouverte,*
   en évitant de la forcer.

3° *La pointe des épaules en arrière,*
   et bien d'aplomb sur les hanches.

4° *Le haut du corps* (dit buste),
   aisé, libre et droit.

5° *Les bras sur la ligne du corps,*
   et tombant naturellement à deux pouces environ des hanches.

6° *Les coudes tombant aussi naturellement,*
   ni en avant ni en arrière des hanches.

7° *Les reins moelleusement soutenus,*
   et légèrement ployés.

8° *L'avant-bras et le poignet sur*
une ligne horizontale.

9° *L'assiette chargée du poids du corps* ,
bien au milieu de la selle et chassée en avant le plus
près possible de la fourche.

10° *La cuisse droite bien allongée dans la fourche,*
de manière que la jambe du même côté pose entièrement et bien à plat sur sa face externe, depuis le
genou jusqu'à la cheville sur cette partie de la selle
appelé *avance de jambe.*

Cette position de la jambe droite est dans le but de
multiplier les points de contact d'où dépend la solidité des corps superposés.

Il faut que le genou ne soit que légèrement ployé, afin
que la jambe s'incline un peu en avant.

En relâchant le pied naturellement, la pointe s'en trouvera un peu plus basse que le talon.

11° *La cuisse gauche placée à peu près comme en selle
d'homme* ,
c'est-à-dire allongée par le seul poids de la jambe et
non par *extension forcée.* Elle doit porter sur le
quartier de la selle par sa face interne, de même que
le genou qui ne doit pas être continuellement serré
sur la selle, car il en résulterait raideur et fatigue ,
mais qui doit pouvoir se serrer momentanément,
toutes les fois que l'assiette tendra à se déplacer par
le mouvement du cheval.

Un grand défaut que l'on doit également éviter, est
d'écarter la cuisse et le genou de la selle.

12° *La jambe gauche et le pied,*

tombant d'aplomb sur l'étrier, absolument comme dans la position en homme.

On observera que l'étrier doit être un peu plus court, parce qu'en selle de femme, l'assiette tend toujours à glisser à gauche.

On voit que ces douze principes généraux de position sont absolument les mêmes que ceux indiqués pour les hommes, sauf les changemens nécessités par la différence de selle, et ces changemens, comme je vais l'expliquer, rendent l'usage de la selle de femme beaucoup plus difficile que celui de la selle d'homme.

CHAPITRE V.

OBSERVATIONS RELATIVES A LA POSITION DES FEMMES A CHEVAL, COMPARÉE A CELLE DES HOMMES.

On observera que le plus difficile de la position de l'homme à cheval est, sans contredit, celle des cuisses, des genoux, des jambes et des pieds ; et la preuve, c'est que même chez ceux qui ont une grande habitude, il en est très-peu qui aient ces parties bien régulièrement placées, sans excepter beaucoup d'écuyers. Les uns sont *raccrochés* par l'effet des étriers trop courts, dont ils se font un point d'appui, les autres ne peuvent les atteindre qu'avec la pointe des pieds, parce qu'ils veulent les porter trop longs, tandis qu'en selle de femme, ces parties, qui n'exigent pas une aussi grande régularité de position, se mettent naturellement d'elles-mêmes dans la situation la plus convenable ; il en résulte qu'une femme peut obtenir une position régulière et gracieuse en très peu de leçons, surtout si sa taille est bien prise, tandis qu'il faut des années de travail pour qu'un cavalier soit régulièrement placé *du bas.*

Mais ce serait une bien grande erreur, si on concluait de cette vérité qu'on est plus à son aise, et même aussi à son aise sur une selle de femme que sur une selle d'homme.

Il y a d'abord une très-grande difficulté, par suite de la position des jambes passées du même côté, à tenir l'épaule gauche de niveau avec la droite. Quelque soin que l'on apporte à placer la poitrine bien vis-à-vis de l'encolure du cheval, l'épaule gauche tend toujours à se reculer. L'écuyer doit donc s'attacher, dans les premières leçons, à faire *avancer l'épaule gauche et à faire reculer en même tems la hanche droite.* Je sais que peu de professeurs observent ce principe de reculer la hanche droite, ils se bornent à répéter continuellement qu'il faut avancer l'épaule gauche, sans se douter que cette épaule ne peut s'aligner avec l'autre, qu'autant que la hanche droite, en se reculant en même tems, rétablit l'assiette sur sa véritable base, c'est-à-dire que l'*ischion* droit porte autant que possible sur la selle au lieu d'être en l'air, ce qui oblige le corps à se porter sur la gauche et à s'abandonner par conséquent de tout son poids sur l'étrier; et c'est ce que ne manquent jamais de faire la plupart des femmes qui n'ont pas été bien placées dès leurs premières leçons, et qui font tourner à gauche les selles les mieux sanglées avec l'inconvénient de blesser tous les chevaux qu'elles montent.

Tout ce que je prescris dans mon *Traité raisonné* pour établir la position de l'homme à cheval, d'après les connaissances anatomiques, les lois de l'équilibre et de la gravitation; tout ce que j'enseigne pour neutraliser les efforts de réaction par le liant de la ceinture, est également applicable à la leçon des femmes. Je dirai plus, c'est que n'ayant de moyens de tenue que par le seul équilibre, bien plus que les hommes encore, il leur faut conserver une position extrèmement régulière, afin de maintenir dans toutes les parties du corps, les rapports parfaits qui constituent cet équilibre.

Et en effet, tout le monde sait que l'homme à cheval, indépendamment de l'aplomb qu'il acquiert par une bonne *base* ou *assiette*, a encore les *contre-poids de ses deux jambes* pour maintenir cette assiette égale sur la selle ; il a de plus l'immense avantage de pouvoir former une *pression* considérable avec ses cuisses, ses genoux et même ses jambes, pression qui ne peut se prolonger indéfiniment, il est vrai, mais qui lui devient indispensable pour consolider et *secourir l'assiette* toutes les fois que des mouvemens violens du cheval tendent à l'ébranler ou à la détruire tout-à-fait.

Observons bien qu'avec leurs selles, les femmes sont privées de l'avantage des *contre-poids inférieurs* dont je viens de parler, puisque leurs jambes sont passées du même côté, aussi, pesant davantage sur ce côté, les femmes les moins lourdes tendent toujours à faire tourner la selle à gauche, même quand elles sont très-régulièrement placées, et la preuve, c'est que leurs chevaux, sans cesse entraînés par cette pesanteur, tendent également à se porter à gauche.

On conçoit donc facilement qu'une femme lourde, montée sur un cheval faible, mince, haut sur jambes, à poitrine étroite, *un pur sang*, ne pourra jamais mener ce cheval très-droit, si bien dressé qu'il soit ; que la dame sera toujours très-mal à son aise et le cheval aussi ; que la selle tournera toujours à gauche bien que sanglée jusqu'à étouffer le cheval, et que cette selle le blessera immanquablement, soit sur le garot, soit sur le dos.

Ces vérités physiques, auxquelles on ne fait pas généralement assez d'attention, sont cependant très-utiles à connaître. Je les ai développées dans un chapitre ayant pour titre :

*De la nécessité de proportionner la taille ainsi que le poids
du cavalier à la force, au volume et à la taille du cheval*
(Voy. *T. R.*, chap. LX).

Ajoutons encore que les femmes n'ont aucun moyen de
pression des cuisses, des genoux et des jambes, et je pourrais
ajouter cette force d'*arc-boutans* que les mauvais cavaliers
trouvent dans des étriers extrêmement courts. Or, c'est cette
absence ou *impossibilité de pression* qui rend leur *tenue* si
précaire, même avec la plus grande habitude de monter à cheval. Si le cheval fait un écart en se *dérobant à gauche*, elles
peuvent à grand'peine appuyer le genou, la cuisse et la jambe,
pour empêcher l'assiette de rouler de ce côté, mais si faible-
ment que cette pression serait nulle sans l'appui de l'étrier.
Si le cheval se dérobe à droite, elles n'ont aucune pression à
opposer à l'effort qui les jette de ce côté, et comme elles ap-
puient naturellement la jambe gauche et le talon pour ne pas
tomber, elles ne font que chasser encore plus le cheval sur la
droite, surtout si ce cheval est *fin aux aides*.

Enfin, elles n'ont aucun moyen *de secourir l'assiette* si le
cheval fait *une pointe*, si ce n'est celui de *s'attacher aux rênes
ou à la main*, au risque de le faire renverser; elles n'en ont
pas davantage pour résister à une *ruade* où à tout autre saut,
ou si le cheval s'arrête subitement du galop sur place.

Je ne saurais trop le répéter, la *tenue* en selle de femme
n'est et ne peut être que très-précaire, comme je viens de
l'expliquer et par l'absence de *contre-poids inférieurs* et par
l'impossibilité *de pression* pour la secourir quand elle est fortement ébranlée (1).

----

(1) Au *Manège des dames* dont j'ai déjà parlé, et dans lequel j'ai été écuyer
sous M. Vincent, nous avons eu des *ballotteurs de piliers* pour exercer les

D'où je conclus qu'on ne peut jamais provoquer un grand déplacement de l'assiette chez une femme, même celle qui est la plus adroite et la plus intrépide, sans risquer de la faire précipiter sous les pieds de son cheval, et c'est pourquoi je condamne, sans aucun appel, les sauts de barrières et de fossés et autres bravades semblables qui n'ajoutent que très-peu de chose au savoir équestre des femmes de la société et qui les exposent encore à faire les chutes les plus dangereuses.

Tout ce qu'on peut faire pour donner aux jeunes écolières autant de tenue que leur genre de selle en comporte, c'est de leur apprendre à rétablir les déplacemens de l'assiette par le jeu des *contre-poids supérieurs* du corps qui seront plus efficaces si les bras et les coudes en sont très-également espacés, et si la ceinture très-liante, permet de s'unir et comme de s'identifier à tous les mouvemens du cheval. C'est de leur faire monter quelquefois des chevaux durs d'allures et qui font des *contre-tems* au galop. En *accompagnant* l'écolière comme je l'indique plus loin, l'écuyer adroit et prudent est

---

femmes, avec beaucoup de précaution bien entendu, à résister au tems de *courbette* et de *ballottade*. Mais en reconnaissant que nous avions infiniment de peine à nous tenir nous-mêmes, sur ces ballotteurs, ou pour parler plus clairement, après être tombés plusieurs fois, nous avons renoncé à vouloir donner aux écolières une tenue impossible pour nous.

Si on m'oppose qu'il est cependant des femmes qui font franchir jusqu'à six barrières de suite à leurs chevaux, je dis que celles-là le font par état; elles vont aussi debout au grand galop sur des chevaux à poil. Tout cela est très-gracieux et très-difficile sans doute, et il y a long-tems que j'ai admiré ces tours d'adresse pour la première fois, mais sans les confondre avec de l'équitation et surtout de l'équitation de dames, et bien loin d'essayer de les faire parodier à mes écolières, je n'ai jamais vu qu'avec un sentiment pénible, que les femmes qui s'y livrent par état, jouent de si jolis membres à croix-pile pour enrichir d'avides entrepreneurs qui semblent en faire si peu de cas.

toujours en mesure de la remettre en selle quand une secousse vive et inattendue a déplacé l'assiette ; il est bon, dans ce cas, que les rênes du bridon soient montées à la française (courtes et avec une boucle d'ajustage), de manière à pouvoir offrir à la main droite un certain point d'appui pour mieux résister aux *contre-tems.*

CHAPITRE VI.

ABUS DES LEÇONS FORCÉES, SURTOUT POUR LES FEMMES ; —
FAUSSES DÉNOMINATIONS ; — DE LA LEÇON CIRCULAIRE
A LA LONGE.

Je crois avoir assez démontré que la selle de femme n'offrant que très-peu de solidité, on devait éviter de recourir à des exercices violens dans le but de donner aux écolières une tenue que nous ne pouvons obtenir nous-mêmes.

Cependant il est des écuyers qui n'ont pas reculé devant le danger très-grave, selon moi, de faire monter aux femmes des chevaux à peine *débourrés*, et de leur demander de l'équitation de tournoi du xv⁰ siècle, telle que des *passades furieuses* auxquelles on a donné le nom très-peu chevaleresque de *tête à la queue* (1). Mais je n'en ai jamais vu se placer eux-mêmes

(1) Rien ne prouve tant la dégénération d'un art, que quand les termes de cet art tombent eux-mêmes dans la corruption, au point de devenir inintelligibles.

en selle de femme pour exécuter ces mouvemens périlleux, ni franchir des barrières d'une certaine élévation, ce qui est bien plus facile et ce que j'ai fait cent fois, alors que j'étais assez dupe pour viser à l'effet aux yeux du vulgaire, et cela, au risque de me briser les membres. Quand je verrai les écuyers franchir des barrières à environ un mètre cinquante centimètres d'élévation, sans aucun déplacement et *en selle de femme*, alors je concevrai qu'on puisse sans danger exercer les dames à ces sauts à quinze centimètres à peu près de terre. Jusque là, je dirai que ce sont des imprudences inutiles.

Une innovation que j'ai quelquefois introduite dans la leçon des dames, après plus de trente années d'expérience, a été de les exercer au trot à la longe. Par ce mouvement cir-

---

Je savais bien que cette expression de *tête à la queue* s'employait vulgairement pour indiquer certaine défense, ou plutôt un mouvement de frayeur subite qui fait retourner le cheval brusquement sur lui-même, et malgré le cavalier, au risque de se croiser les jambes et de s'abattre, ce qui arrive souvent quand le terrain est mauvais, et quand le cheval a l'arrière-main faible ; mais je ne pensais pas que des écuyers pussent jamais le confondre avec un des mouvemens les plus savans et les plus difficiles du manège de tournoi.

J'entends dire, et je vois écrit, que l'équitation des d'Auvergne, d'Abzac, de Chabannes, et autres écuyers, qui, bien que n'existant plus aujourd'hui, ont été cependant nos contemporains, est une école bonne si on veut, mais qui est *surannée et ne convient plus avec les chevaux de pur sang ;* or, il me semble que c'est un singulier moyen de la rajeunir que de nous ramener aux manèges violens des xvᵉ et xviᵉ siècles. Ce n'est pas tout, à la confusion des principes on ajoute la confusion des mots ; on confond les actes de défense ou de frayeur avec les *airs de manège* les plus difficiles, et en effet, il y a autant de différence entre une *passade* et une *tête à la queue*, qu'entre une *courbette* et une *pointe*. Laissez donc dormir la vieille équitation de tournoi, ou si vous voulez la remettre de mode, n'en faites pas la caricature.

Quand je vois des hommes qui n'ont jamais eu de maîtres, qui n'ont jamais vu

culaire, les élèves, jeunes, grandes, et ayant des dispositions naturelles et de la hardiesse, acquièrent beaucoup d'assiette en peu de tems. En les tenant davantage sur la piste à droite, on peut plus facilement obtenir que l'épaule gauche s'avance et s'aligne avec la droite. Je répète que je n'ai donné cette leçon de longe qu'aux écolières qui avaient des dispositions naturelles et de la hardiesse à cheval et qui n'avaient aucune répugnance à s'y soumettre. J'ajouterai encore que je n'employais que des chevaux parfaitement sûrs et au fait de cette leçon, en un mot, des *chevaux de longe*, chose assez rare aujourd'hui.

---

d'écoles, qui se sont formés eux-mêmes à leur manière, confondre les principes comme les termes d'un art dont ils n'ont pas appris la langue, en tems utile (et je dis qu'on n'apprend pas plus à devenir écuyer d'académie et à en parler la langue, quand on débute à 30 ou 40 ans, qu'on n'apprend à parler purement l'anglais ou l'allemand à cet âge), je ne m'en étonne ni ne m'en afflige; mais quand je vois des écuyers d'un talent incontestable et incontesté, consacrer, sans y penser peut-être, les dénominations les plus fausses, je ne puis m'empêcher d'en faire la remarque *une fois seulement,* non pas pour le plaisir de les trouver en défaut, mais pour que l'erreur ne puisse s'autoriser de leur nom ; car si je voulais entreprendre de redresser toutes les expressions tronquées par certains écuyers et répétées dans le monde, j'aurais vraiment trop à faire. Revenons à la *passade* véritable, je dis qu'on pourrait exercer les dames et les chevaux sans danger à cet *air,* si on observait, comme l'indique **M.** de la Guérinière, de faire *les retours* par des *demi-voltes.*

Bien loin de prétendre opérer une révolution dans l'art équestre, et de considérer les écuyers de cette époque comme des gens *arriérés,* j'avoue, dans la sincérité de ma conviction la plus intime, que depuis quarante ans que j'étudie leurs ouvrages, il n'est pas de jour où je ne trouve à m'instruire à leurs immortelles leçons.

CHAPITRE VII.

DES AIDES PAR LESQUELLES LES DAMES MÈNENT LEURS CHEVAUX AUX DIFFÉRENTES *ALLURES*, SOIT *NATURELLES*, SOIT *ARTIFICIELLES.*

(Pour la complète définition des termes de manège, *Aides* et *Accord des Aides*, Voy. *T. R.*, chap. XXII et XXIII).

—————

Les femmes ont pour aides :

1° *La main de la bride,*

pour diriger le cheval à droite et à gauche, et principalement pour l'arrêter ;

2° *La main du bridon,*

pour le diriger également à droite et à gauche, pour le *placer* ou lui donner le pli (Voy. *T. R.*, chap. XLVIII), et rarement pour marquer des *tems d'arrêt* ;

3° *La jambe gauche accompagnée du fouet ou cravache* ,

    tous deux agissant dans le même but que les deux jambes en homme pour porter le cheval en avant sur la ligne droite (Voy. *T. R.*, chap. XVIII *bis*);

4° *La voix pour calmer son ardeur et le mettre en confiance.*

CHAPITRE VIII.

DE L'ACCORD DES *AIDES*. (Voy. *T. R.*, chap. XXII.)

De même que les hommes, les femmes font mouvoir leurs chevaux par une seule *aide* ou par plusieurs *aides*. Ces dernières agissent tantôt *ensemble* ou tantôt *par opposition*.

Dans l'un et l'autre cas, il faut toujours qu'il y ait *justesse* et *accord*.

Quand la jambe gauche agit avec le fouet et l'appel de langue, pour *chasser le cheval en avant*, avec la *main légère*, ces aides agissent *ensemble*.

Quand la *main douce* ou la *main ferme* agit en même tems que les aides qui chassent en avant, soit pour rassembler le cheval, soit pour le faire marcher par des *pas de côté* ou de *deux pistes*, ces aides agissent par opposition.

La main, opposée seule quand le cheval est arrêté en place, le fait reculer (*T. R.*, chap. XVIII);

Opposée à la jambe gauche fermée, les hanches se portent à droite (Voy. *T. R.*, chap. **XLIX**);

Opposée au *fouet, appuyé* ou *frappé*, si le cheval résiste, les hanches se portent à gauche.

Comme dans toutes les occasions où l'emploi de la jambe gauche est nécessaire, c'est toujours le fouet qui remplace cette jambe en selle de femme, il serait plus régulier de le faire agir sur le côté du cheval à la place même de l'aide de la jambe, comme on l'indiquait dans les manèges il n'y a pas très-longtems, que de s'en servir exclusivement à l'épaule droite comme c'est l'usage généralement adopté aujourd'hui. Je n'insisterai pas cependant sur ce point, attendu qu'on peut dresser les chevaux de femme de manière à ce qu'ils obéissent également à l'une ou l'autre pression ; mais quand les chevaux sont naturellement *froids* ou *durs aux aides*, au point qu'il faille recourir à la correction pour les faire marcher, le fouet ne doit plus agir que derrière les sangles à la place où la jambe *se ferme* ; car, frappé à l'épaule droite du cheval paresseux et sans moyens, au lieu de le porter en avant, il ne ferait que l'exciter à diriger les épaules sur la gauche ; comme en frappant trop en arrière sur les flancs ou sur la croupe, il l'excite à ruer.

Il ne faut pas confondre quand le fouet doit agir comme *aide* ou comme moyen coërcitif (Voy. *T. R.*, chap. **XX**).

Avec des chevaux durs aux aides, j'ai essayé de faire mettre un éperon au talon gauche de l'écolière, mais ce moyen réussit rarement, parce que le cheval paresseux qui n'est *attaqué* que d'un seul côté, dévie du côté opposé plutôt que de se porter en avant sur la ligne droite et se fait par là un moyen de défense, à moins que le fouet produise assez d'effet sur l'épaule droite pour contre-balancer celui de l'éperon gauche, ce qui est très fatigant et d'ailleurs peu gracieux. Aussi, tout cheval qui n'est pas *fin aux aides*, ne peut être agréable pour une femme, et toute femme qui ne peut obtenir *du brillant* de son cheval que par des moyens violens, n'en obtiendra que du *faux* brillant, et ne pourra avoir elle-même ni grâce ni bonnes manières.

De même que les hommes, les femmes qui ont acquis une grande précision de position et d'aides, après avoir bien mené beaucoup de chevaux fins et très-bien dressés, peuvent se servir avantageusement de *l'assiette* comme *aide*, et exécuter des *airs de manège* aussi brillans que difficiles; mais peu de personnes désirent arriver à cette perfection : pour moi, je pense que l'on doit se borner à enseigner aux dames à mener leurs chevaux avec agrément et sûreté, sans prétendre leur donner la pratique d'un écuyer consommé (1).

---

(1) En parlant du talent équestre auquel une femme pourrait arriver, je ne puis m'empêcher de citer la personne qui, de l'avis de tous les écuyers et amateurs qui faisaient autorité il y a vingt-cinq ans, excella dans cet art. Avec la position la plus solide et la plus gracieuse, elle a mené dans une égale perfection le cheval neuf comme le cheval de manège le plus parfait. Tant d'écuyers et de connaisseurs ont admiré le talent de Mᵐᵉ Guilleminot, que je ne puis m'empêcher de la nommer. Elle avait commencé très-jeune au manège *Provence*, dirigé par M. A. Pellier, et comme elle suivit les leçons de ce savant écuyer pendant plusieurs années, portant l'uniforme de manège, voire même les bottes à l'écuyère, etc., elle devint très-habile à monter les chevaux de *haute école;* et à seize ans, elle emportait déjà l'admiration du monde équestre de cette époque.

C'est aux judicieuses observations de Mᵐᵉ Guilleminot que je dois d'avoir arrêté et analysé quelques parties assez difficiles de l'*Équitation des Dames.* En cherchant à rendre cet ouvrage le plus complet, je serais bien dédommagé des soins que j'y ai apportés, si les dames qui m'auront fait l'honneur de le lire, me permettaient d'ajouter : et le plus facile à comprendre, et le moins ennuyeux.

CHAPITRE IX.

UN MOT SUR MON SYSTÈME PARTICULIER D'ENSEIGNEMENT.

Ainsi que je l'ai fait pour la leçon élémentaire des hommes, je suis obligé de supposer ici la présence d'un *élève-écuyer* que je forme lui-même à la pratique de l'enseignement des dames, tel que je l'ai adopté depuis bien des années, et que j'ai toujours cherché à le perfectionner et à le simplifier en même tems.

Et il faut bien supposer un professeur intermédiaire, car, en admettant un manège et des chevaux d'école à la disposition de la personne qui voudrait s'instruire seule et promptement par la lecture attentive du meilleur ouvrage sur l'équitation, il lui faut nécessairement encore les soins d'un maître. Mais si ce maître, qui lui donne les premières leçons élémentaires, ne suit ni les principes ni le mode d'enseignement indiqués dans l'ouvrage étudié, il est certain que l'écolière ne pourra que se trouver très-mal de ces contradictions. Le mode que j'ai adopté dans mon *Traité raisonné*, de former à la fois des élèves instruits et de jeunes écuyers, m'a paru le seul profitable, et comme je l'ai déjà dit ailleurs, les écrits que je livre aujourd'hui à la publicité, je les avais en partie composés pour l'instruction des écuyers que j'employais dans mon manège comme professeurs, mais que je n'employais qu'après les avoir formés exprès, afin d'éviter aux élèves et surtout aux dames le très-grave inconvénient d'être enseignées par des maîtres joignant à l'ignorance des bons principes, la confusion et la contradiction des mauvais principes.

CHAPITRE X.

DE LA LEÇON ÉLÉMENTAIRE AU MANÉGE, AU PAS ET AU PETIT TROT.

Les six premières leçons doivent toujours commencer par celle de *pied ferme;* ensuite, *la reprise* marchera au pas et au petit trot; il faut avoir le plus grand soin de rectifier la position aussitôt qu'elle s'altère par le mouvement du cheval, ce qui exige d'arrêter souvent au pas et même sur place, afin de faire reposer l'écolière pendant quelques instans, ce qui lui donne de la confiance dans son cheval, si elle en est effrayée. J'ai dit qu'il y avait des femmes qui poussaient la hardiesse jusqu'à la témérité, mais il y en a aussi qui éprouvent de véritables accès de frayeur du moment où elles sont placées sur un cheval qu'elles supposent susceptible de passer tout de suite de l'état le plus calme à l'action la plus violente, telle que le *mors aux dents* (Voy. *T*. *R*., chap. LXI).

Il arrive souvent aussi que c'est précisément à ces per-

Chap.ᵗ 10.

Reprise au trot
sur la piste à droite.

Lith. de Thierry frères.

sonnes que l'exercice du cheval est conseillé par les médecins. C'est alors que l'écuyer doit faire preuve d'une patience extrême et devenir un peu médecin lui-même, afin de prévenir toute espèce de fatigue ou d'irritation nerveuse à la personne confiée à sa prudence et à son savoir. Rien ne convient mieux que d'arrêter souvent sur place, afin de faire comprendre à l'écolière peureuse que le plus petit effet de la main ou des rênes de la bride suffit pour amener le cheval bien dressé à l'immobilité la plus complète.

J'ai recommandé, pour la leçon élémentaire des hommes, de faire tenir la bride, sans tenir en même tems le bridon de l'autre main. Il y a double raison d'observer ce principe à l'égard des femmes. C'est surtout la position très-régulière de la main gauche qu'il faut chercher à obtenir le plus promptement possible, car de cette bonne position dépend la justesse de l'*aide* et l'obéissance du cheval.

Et comme la main de la bride est l'*aide* la plus importante pour une femme et qu'on ne peut avoir une bonne main sans une parfaite connaissance et habitude de *la tenue des rênes,* je ne saurais trop recommander la lecture de mon *Traité raisonné d'Équitation,* où je donne tous les développemens nécessaires à cette partie importante de la leçon élémentaire (1).

(1) Je crois nécessaire de rappeler encore, que si je donnais à tous les chapitres de l'*Équitation des Dames* les développemens dont ils sont susceptibles, il me faudrait répéter ici ce que j'ai déjà dit dans mon *Traité raisonné,* et recommencer un grand ouvrage, au lieu d'offrir aux dames un abrégé des bons principes de l'équitation française.

J'ai besoin de dire aussi, qu'en conseillant la lecture d'un autre ouvrage de moi, je n'ai pas l'arrière-pensée de faire de l'*équitation industrielle* en forçant, pour ainsi dire, les personnes qui se seraient procuré l'*Équitation des Dames,* qui se vend 10 fr., à acheter mon *Traité raisonné,* qui se vend 40 fr.

Les femmes sont assez généralement disposées, pendant leurs premières leçons, à appuyer la main gauche sur la cuisse droite au lieu de la soutenir en position, c'est pourquoi il faut, pour éviter cette mauvaise habitude, la leur faire tenir un peu plus élevée pendant les commencemens.

Tous les écuyers ont reconnu la nécessité de faire porter le haut du corps très en arrière en commençant, attendu que le mouvement du trot le ramène sans cesse en avant ; c'est une vérité incontestable ; mais pour les femmes le principe doit être modifié ; le corps très en arrière leur donne mauvaise grâce, et, loin de les rendre plus solides sur la selle, il tend à faire sortir la cuisse droite de la fourche, à creuser la ceinture et à faire glisser l'assiette sous son centre de gravité.

En faisant placer le fouet tantôt au corps près des sangles, tantôt à l'épaule du cheval, il faudra indiquer à l'écolière les moyens de s'en servir adroitement, afin de le faire agir, soit comme *aide*, soit comme *correction;* dans ce dernier cas, il faut que le fouet frappe en réagissant par un simple mouvement du poignet et non un grand mouvement du bras, comme cela arrive quand on n'a pas assez répété cette leçon ; il faut enseigner aussi à tenir le fouet la pointe haute et à le faire siffler pour animer le cheval au rassemblé (Voy. *T. R.*, chap. XXXIII). Il faut aussi que les écolières apprennent à s'en servir avec grâce sur l'épaule gauche du cheval, afin de la redresser quand elle se porte trop de ce côté.

Je déclare donc dès à présent qu'il me serait impossible de spéculer sur la vente de mon *Traité raisonné*, attendu que la première édition en est épuisée, et que, malgré son immense succès, je n'ai pas l'intention de dépenser 5 ou 6,000 fr. pour en faire une seconde. Mais il m'en reste quelques exemplaires reliés que je serais très-honoré et très-heureux de pouvoir prêter aux dames qui désireraient en prendre connaissance.

Suite du Chap.ᵉ 10.

La Reprise au trot
sur la piste à gauche.

Lith. de Thierry frères.

CHAPITRE XI.

DES REPRISES DE MANÈGE.

On doit commencer par les reprises les plus simples (Voy. *T. R.*, chap. XXXIV), mais il faut que, dès ses premières leçons, l'écolière comprenne que ces reprises doivent être régulières, comme dans les *changemens de main*, par exemple, de bien observer le point de départ et le point d'arrivée; qu'elle mène son cheval dans un train égal, soit au pas, soit au trot, et qu'elle connaisse toutes les *figures* de manège (Voy. *T. R.*, chap. XXXVIII), en observant de faire les *changemens de rênes*, suivant les *changemens de main ou de piste*. C'est le seul moyen qui puisse hâter ses progrès. Pour faciliter cette leçon, il faut toujours commencer par la reprise au pas, puis la répéter au trot dans le même ordre et en exécutant les mêmes figures.

Vers la dixième leçon, quand la main de la bride sera bien

6

placée et assurée, que l'écolière saura faire agir ses rênes sans fausser ni raidir le poignet, on lui fera tenir le bridon de la *main de dedans* (Voy. *T. R.*, chap. XLVII), et le premier usage qu'on lui fera faire *de la rêne de dedans du bridon* sera de mettre son cheval *dans le pli*. (Voy. *T. R.*, chap. XLVIII).

CHAPITRE XII.

DE LA LEÇON DE RAISONNEMENT.

———⊶○⊷———

C'est ici où il devient important d'enseigner à l'écolière à raisonner ses opérations, ce qu'on n'a pu faire jusqu'alors, parce qu'on s'est attaché presque uniquement à la position. Ce premier raisonnement sera celui qui explique la différence qu'il y a entre *tourner* et *redresser son cheval* (V.*T.R.*, chap. X), de même que la différence qui existe dans l'action du *mors agissant par les rênes de la bride sur les branches*, et l'action *du bridon qui n'ayant point de branches ou de puissance de levier,* est, par conséquent, beaucoup plus doux sur la bouche du cheval. Cinq ou six démonstrations semblables, dans lesquelles on lui fera remarquer la forme de l'*embouchure*, sa place et son emploi dans la bouche du cheval, que l'on aura soin de brider et débrider plusieurs fois devant elle, suffiront pour lui apprendre tout ce qu'il lui importe de connaître sur une chose aussi importante et sur laquelle, généralement, les femmes qui ont été le plus long-tems au manège n'ont aucune notion.

Les personnes qui voudraient connaître à fond le mécanisme du mors, ainsi que la forme de ceux des premiers siècles jusqu'à nos jours, devront consulter le texte de mon *Traité raisonné*, chap. XXIV, et l'Atlas du même ouvrage, à la planche XIII.

Ce sera vers la douzième leçon qu'on lui enseignera à tenir ses rênes à la troisième position et qu'on lui expliquera dans quelles circonstances il convient de mener son cheval de cette manière (Voy. *T. R.*, chap. XIV), il ne faudra pas omettre non plus la leçon de *scier du bridon* (Voy. *T. R.*, chap. XIV).

Je suppose encore qu'on aura appris à l'écolière à faire avec adresse les différens *changemens de rênes de la première position, à la deuxième, troisième et quatrième*, etc. (Voy. *T. R.*, chap. XIV).

Il est essentiel de répéter ces dernières leçons sur place après chaque reprise, et ensuite de les faire en marchant au pas, puis au trot, et puis au galop, afin de donner de l'adresse et de l'à propos dans l'*aide de la main*, de même que pour tenir sûrement les rênes en même tems qu'on les fait agir et sans risquer de les emmêler ou de les laisser échapper, ce qui ne peut jamais s'obtenir par la force, mais bien par une grande souplesse jointe à beaucoup d'habitude et en procédant toujours de la même manière quand on fait changement de rênes. J'assure par expérience qu'on ne saurait trop revenir à ces leçons pour les femmes, parce que leur sûreté à cheval en dépend en grande partie.

CHAPITRE XIII.

LEÇON SUR LES ALLURES DU CHEVAL (Voy. *T. R.*, chap. XL).

L'explication des *trois allures naturelles, des allures artifi-cielles, des allures défectueuses, du galop du pied droit, du pied gauche, juste, faux, désuni,* etc., est chose que l'on ne fait guères aux femmes et qui est cependant de la plus indispen-sable nécessité quand on veut que celles qui montent le mieux à cheval ne soient pas seulement de jolies machines, mais des personnes susceptibles de raisonner leurs opérations avec quelque connaissance du mécanisme de l'animal qui doit obéir avec justesse et précision à toutes leurs volontés. Pour faciliter l'intelligence de ces leçons, on devra consulter les planches de mon *Traité raisonné*, qui ne laissent rien à dé-sirer, ayant été fidèlement copiées sur le grand et bel ouvrage in-folio de M. de la Guérinière. Rien n'est plus facile à ap-prendre, rien n'est plus utile à savoir que la *connaissance des allures du cheval*, et cependant, je le répète, c'est ce dont on ne parle presque jamais aux personnes qui consacrent le plus de tems, et je dirai aussi, qui dépensent le plus d'argent pour leur instruction équestre.

Et comme la dame la plus novice en équitation sait toujours apprécier le grand avantage et l'agrément du cheval dont le galop est bien *cadencé*, qui a le *départ* et l'*arrêt doux*, il est indispensable que l'écolière connaisse assez le mécanisme de ses allures, afin de pouvoir s'expliquer tous *les rapports de sensation ou de souffrance qui existent entre la bouche du cheval et son arrière-main*; qu'elle comprenne surtout que, quand on a *une bonne main*, on mène bien tous les chevaux, parce qu'on ne les fait jamais souffrir, tandis qu'avec une *main dure*, sans justesse et sans à propos, les chevaux les mieux dressés n'y répondent que mal, parce que tous ses mouvemens les font souffrir et les forcent à faire des *contre-tems*, soit au départ au galop, soit à l'arrêt, soit pendant la durée de *la reprise* ou *tems de galop*, c'est-à-dire que la main bonne ou mauvaise peut rendre le cheval *doux* ou *dur*, dans ses mouvemens, *facile* ou *dangereux*, dans son usage.

Cet objet (le *contre-tems*) est chose si désagréable et si dangereuse en selle de femme, que j'ai cru devoir consacrer un chapitre particulier à ses effets et à ses causes.

Comme il y a des maîtres aussi incapables de raisonner le mécanisme et les allures des chevaux qu'ils montent, par une habitude souvent vicieuse, que de faire raisonner leurs élèves, ceux-là ne manqueront pas de me dire :

Est-il besoin qu'une femme sache tout cela pour se promener à cheval ?

Et moi, je réponds à mon tour :

A quoi bon, quand on paie les leçons d'un maître d'armes, d'apprendre à placer la main avec tant de précision et d'après tant de combinaisons et de calculs géométriques pour bien former une parade? c'est qu'en supposant le combat, cette précision de ma main, qui fait décrire à ma lame tel ou tel angle, éloignera beaucoup, et sans efforts, le fer de mon adversaire de ma poitrine, et que, dans l'hypothèse contraire, il me la passera au travers du corps. Et comme on peut aussi bien être tué par le *cheval le plus doux et le mieux dressé*, que par un coup d'épée qui n'aura pénétré que de quelques lignes, ma comparaison n'est donc ni exagérée ni déplacée, et c'est ce qu'on reconnaîtra en suivant avec quelque attention ce que je vais dire du *contre-tems*, mot que tout le monde emploie, mais qu'aucun auteur n'a défini jusqu'à présent ni dans ses effets ni dans ses causes.

CHAPITRE XIV.

DÉFINITION DU CONTRE-TEMS; — SES EFFETS ET SES CAUSES PHYSIQUES.

————————

Toute personne qui a l'habitude de monter à cheval, sait, par sa propre expérience, que rien ne dérange tant l'assiette d'un cavalier, même solide, comme ce mouvement brusque et imprévu qui interrompt subitement la marche du cheval, surtout au galop, et que l'on appelle *contre-tems*. Mais il n'y a que ceux qui ont essayé de monter certains chevaux en selle de femme qui puissent se faire une juste idée du déplacement qu'on éprouve quand on reçoit un vigoureux contre-tems dans cette position; je n'exagère pas quand je dis qu'il peut jeter le cavalier par dessus la tête du cheval, chute qui l'expose encore à être foulé sous les pieds de l'animal qui ne sait pas toujours où il les pose (1).

————————————————————

(1) J'ai fait plusieurs expériences avec des mannequins que je plaçais sur des

La chose mérite donc un examen sérieux de tout homme qui se mêle de l'enseignement équestre des dames en acceptant la responsabilité qu'il impose.

Que produit le *contre-tems?* Voilà ce qu'il importe d'expliquer à l'écolière, afin qu'elle puisse apprendre à le prévenir ou à le modifier.

Le contre-tems est généralement produit par la mauvaise vue du cheval, ce qui le fait hésiter à passer sur un objet dont il est effrayé. En évitant de marcher sur cet objet (qui n'est souvent autre que son ombre, ou un changement de couleur du sol, un morceau de papier, un corps luisant, etc.), il rompt subitement l'ordre naturel du mouvement de ses jambes en s'arrêtant tout court, ou en *se dérobant;* il en résulte pour le cheval, et plus encore pour le cavalier, *une secousse dont la force est en raison directe de la vîtesse donnée;* or, comme le cheval dont la vue est défectueuse, a moins de tems pour reconnaître les objets, quand il est lancé au galop, que

---

chevaux, de manière que ces mannequins, qui imitaient des hommes habillés, tombassent sous leurs pieds; j'en ai acquis la certitude, que presque toujours le bon naturel du cheval lui fait éviter de marcher sur le cavalier qui tombe à terre. J'en ai eu d'autres preuves dans une infinité d'occasions où l'expérience ne se faisait pas sur des mannequins, mais bien sur des cavaliers véritables, les chevaux sautant toujours par dessus ceux qui tombaient sous leurs pieds, sans les toucher. Mais je suis également convaincu que le cheval qui se débarrasse du cavalier qui le maltraite des éperons ou de coups sur la tête, ne se fait aucun scrupule de marcher sur son ennemi vaincu; soit par la colère, soit par l'effroi, il le frappe souvent au moment où il tombe; j'ai vu même quelques exemples de chevaux qui revenaient sur leurs pas pour frapper le cavalier démonté à la suite de combats opiniâtres livrés entr'eux et le cavalier. C'est une raison de plus de dresser les chevaux, et surtout les chevaux de femme, par la douceur et non par la crainte des châtimens, afin qu'ils soient toujours *en confiance,* mot vide de sens, selon certains écuyers, et qui résume une infinité de bons préceptes, selon d'autres.

quand il chemine lentement au pas ou au petit trot, c'est aussi au galop que les *contre-tems* sont plus fréquens, plus forts et conséquemment plus dangereux. Voilà pourquoi une des premières conditions du véritable *cheval de femme* est d'avoir les yeux parfaitement sains.

Il faut bien observer que le contre-tems que je viens d'expliquer, est uniquement produit par la mauvaise vue du cheval, *sans provocation de la main*, c'est-à-dire *sans la douleur résultant d'une saccade;* mais il deviendra beaucoup plus violent et redoublé, si cette *saccade* de bride vient ajouter à la frayeur de l'animal une douleur vive sur sa bouche et ses jarrets. C'est surtout ce qui me fonde à insister si fortement, pour que les femmes, bien plus encore que les hommes, aient la main *bien placée, bien assurée, bien moelleuse, la main savante,* s'il est possible, et à ce que leur assiette soit parfaitement liée aux mouvemens de leur cheval, avantages immenses par lesquels on neutralise les efforts du contre-tems, avantages qui ne peuvent résulter que des bonnes leçons élémentaires, de la position régulière et de la grande habitude de monter à cheval.

Il faut dire encore que le cheval dont la vue sera parfaite, pourra faire des *contre-tems* si le cavalier a la main dure et sans à propos. Plus il aura la *bouche sensible* et l'*arrière-main faible* (deux choses qui vont rarement l'une sans l'autre), plus il fera de *contre-tems* par la douleur qu'il éprouvera à la fois et dans la bouche et dans les parties qui font point d'appui et qui reçoivent les efforts de toute la machine.

Et remarquons bien que presque tous les chevaux que l'on choisit pour les femmes sont ceux qui sont naturellement disposés à se mettre au petit galop. Or, ceux qui prennent naturellement cette allure sans y avoir été amenés par un dressage bien entendu, sont ceux dont l'arrière-main lente et faible, chasse à peine la masse en avant. Avec moins de ressort et de force dans les parties postérieures, le mouvement se fait plus *près de terre*, il est moins brillant, mais il est plus doux; d'où il résulte qu'une femme se trouve plus commodément portée sur le cheval qui galope avec l'arrière-main lente et faible, que sur celui qui, avec beaucoup de force et de ressort, tend toujours à galoper ou *trop haut de terre* ou trop vite.

Comme la lenteur de l'arrière-main vient de la faiblesse de l'une ou de plusieurs de ces parties, les *jarrets*, les *hanches*, les *reins*, et comme dans l'économie animale, la souffrance est presque toujours bien près de la faiblesse, il en résulte que les chevaux dont l'arrière-main est faible sont plus disposés à faire des *contre-tems*, lorsqu'un arrêt de bride est marqué trop fort ou mal à propos, parce qu'alors toute la masse étant brusquement rejetée sur la partie faible, elle en provoque la souffrance qui produit à son tour le contre-tems.

J'ai dit que dans le contre-tems causé par la mauvaise vue, le cheval rompt l'ordre de ses jambes ou de ses *foulées*, pour éviter de marcher sur l'objet qui l'effraie. Mais quand il vient uniquement de la douleur que lui cause une mauvaise main, c'est alors une action de contrainte par laquelle le cheval cherche à soustraire ses parties douloureuses à la dureté de la main ou du mors, en réagissant sur lui-même. Assez souvent le galop *se désunit* dans ce moment; ou bien le cheval *change de pied en l'air*; ou, sans changer *de pied*, la jambe de derrière qui fait point d'appui, au lieu de faire cet appui juste sous le centre de gravité, le dépasse et vient frapper celle de devant, ce qui fait rebondir le cheval sur lui-même, désordre qui ébranle singulièrement l'assiette du cavalier et que celui-ci ne peut faire cesser ou du moins modifier, qu'en *rendant la main* à propos pour que le galop, en gagnant plus de vitesse, soit moins élevé de terre.

Un cheval vigoureux, très-ardent et *très-fin dans les aides*, monté par un cavalier qui n'a ni solidité ni assurance des mains et des jambes, fait aussi des contre-tems par cette contrainte et irritation nerveuse qu'éprouve tout cheval sensible sous un mauvais cavalier.

Tout ce que je viens de dire sur le *contre-tems* prouve assez qu'il est l'effet de trois causes : *la crainte*, *la douleur*, *la sensibilité*, et quelquefois ces causes se trouvent réunies. Mais il n'est aucunement un acte de défense comme le croyent d'ignorans cavaliers qui sont persuadés que, quand un cheval fait des contre-tems, c'est de la part de l'innocent animal un raffinement de malice et de méchanceté pour *se débarrasser de celui qui le monte par des mouvemens difficiles !*

Ceci posé et prouvé, que le contre-tems ne provient que de ces trois causes, *la crainte*, *la douleur* et *la sensibilité*, il sera facile de comprendre que le cheval le plus doux de caractère et le mieux dressé, tiendra long-tems le galop *bien uni et bien cadencé* sous une personne qui aura une bonne main, tandis qu'il multipliera les contre-tems s'il est tourmenté douloureusement par une *main dure*, qui ne saura ni modifier son ardeur, ni *régler son train*, ni *ménager les arrêts* par l'assurance et la rectitude de la position, de même que par la justesse de l'aide.

Cette définition du contre-tems, la chose la plus désagréable comme la plus dangereuse en selle de femme, serait certainement trop longue et trop compliquée, si on la faisait dans une seule leçon, mais elle devient aussi simple que facile, si elle est amenée par plusieurs leçons préparatoires qui n'exigent jamais une étude bien fatigante, si le maître a le mérite, assez rare il est vrai, d'instruire ses élèves sans trop les ennuyer par des explications à perte de vue.

Supposons maintenant une femme ayant une grande habitude de monter à cheval, mais de l'habitude sans art, sans principes d'équitation, et par conséquent sans aucun raisonnement; qui aura beaucoup de confiance dans ses moyens, parce qu'elle aura monté à cheval dès sa jeunesse, et qui ne redoutera pas les chutes, parce qu'elle en aura fait très-souvent avec un rare bonheur; qui n'aura monté que des chevaux durs de bouche, et conséquemment peu sensibles aux effets d'une mauvaise main, ou de ces chevaux précieux qui, sans avoir la bouche dure, ont les hanches et les jarrets si solides, que les saccades de bride ne font souffrir que la bouche, sans que la douleur arrive jusque sur les jarrets, *comme sont les bons chevaux du nord de l'Angleterre.* Supposons encore que cette personne se trouve monter par hasard un de ces chevaux dont la bouche est très-sensible et *l'arrière-main très-faible, comme sont généralement les chevaux manqués,* que l'on appelle *de pur sang,* qui joignent à une conformation grêle et faible dans toutes ses parties, une sensibilité extrême, et qui ont encore pour l'ordinaire les jarrets perdus de *jardons, éparvins, courbes,* etc., parce que dans l'absurde système anglomane, on les soumet à la barbare épreuve des courses à trois ans, il est certain qu'un tel cheval, quoique très-doux de caractère et parfaitement dressé, deviendra extrêmement dangereux, s'il est conduit par une main dure, car la sensibilité de sa bouche et la *souffrance de ses jarrets* le forceront à faire de violens contre-tems.

La personne que je suppose ici, celle qui n'a que de l'habitude sans art, qui n'a aucune idée du mécanisme du cheval, ne manquera pas de provoquer de nombreux *contre-tems,* mais, au lieu de faire rapporter ces mouvemens désordonnés et nouveaux pour elle, à leur *cause physique,* elle les provoquera sans cesse, bien loin de les modifier, parce qu'elle se sera persuadée que ces mouvemens désordonnés viennent d'une *cause morale* (*la méchanceté du cheval qui veut la jeter à terre par des combinaisons de mouvemens difficiles*), et, dans cette erreur, elle croira que sa sûreté ne peut dépendre que de sa *hardiesse* et de sa *force;* elle opposera donc aux contre-tems des arrêts aussi durs que la force de ses poignets et de ses bras le lui permettra (*pour montrer au cheval qu'elle n'a pas peur et qu'elle est plus forte que lui*); elle fera donc précisément tout le contraire de ce que l'art et le bon sens indiquent dans cette circonstance, et ne manquera pas d'être précipitée de son cheval; et son premier mot, en se relevant (on ne se relève pas toujours quand on tombe de cheval), sera de dire que le cheval est d'un *naturel féroce !*

Si vous faites tout de suite monter ce cheval qui paraît *si vicieux, si féroce,* à une écolière qui n'aura jamais fait de tours de force à la chasse ou à la course, mais qui aura pris quelques leçons d'un maître habile et prudent, une écolière dont toute la science sera d'avoir la main *bien placée, assurée* et *moelleuse,* il est certain que le pauvre cheval, passant de la douleur au bien-être, marchera et galopera sans faire un seul contre-tems.

Eh bien ! tout ce que je viens de supposer est l'historique fidèle de ce que j'ai vu arriver fréquemment. Je pourrais nommer plusieurs dames qui sont tombées de cheval de cette manière; ces dames se croyaient à l'abri des chutes, parce qu'elles avaient couru des chasses sur des chevaux qui leur permettaient de se servir des rênes de la bride comme de la rampe d'un escalier glissant; ne pouvant plus en agir de même sur ceux *fins de bouche et faibles de l'arrière-main,* elle ne savaient que les rendre difficiles et dangereux. Le cheval au *naturel féroce,* ce n'est pas moi qui l'ai inventé.

Il y a en équitation bien d'autres *effets* dont *la cause physique* reste ignorée des hommes qui, n'ayant aucune notion du mécanisme et des allures du cheval, se croyent cependant très-capables de le dresser pour tous les usages, même pour des femmes. Ces prétendus écuyers pensent qu'en les faisant galoper jusqu'à les exténuer de fatigue, ils les empêcheront de faire des contre-tems; mais, en *endurcissant* le jeune animal par la fatigue, en l'épuisant par les sueurs, on ne manque jamais de détruire ses moyens naturels, la justesse de ses aplombs, la liberté de ses épaules, l'élasticité et la vigueur de ses jarrets, la sensibilité de sa bouche, l'intégrité des organes de la respiration et tant d'autres parties d'une organisation si admirable de l'économie animale, qu'il n'appartient qu'à l'écuyer habile et prudent de savoir conserver.

C'est ainsi que tant d'excellens chevaux sont si promptement ruinés et toujours ruinés sans être dressés. Ceux du meilleur caractère deviennent souvent dangereux à l'excès, pour avoir passé par les mains de *soi-disant dresseurs* qui ne savent que les battre pour les faire marcher de travers, ce qu'ils appellent *faire de la haute école*. Les autres leur brisent la bouche et les jarrets pour les forcer à prendre des positions d'encolure et de tête aussi disgracieuses que contraires à la nature. Voilà ce qui fait le plus de tort à l'équitation, et ce qui dégoûte quelques hommes de savoir et de mérite d'exercer cet art concurremment avec des charlatans. C'est que les chevaux ruinés en sortant des mains de gens qui se disent écuyers, sont toujours cités par quelques anglomanes qui donnent le genre, comme *preuve incontestable que l'équitation française ne convient pas aux chevaux de pur sang.* Et comme d'ordinaire l'on prend le contre-pied des choses, les grands propriétaires de chevaux ne veulent plus donner ces chevaux à dresser aux véritables écuyers, parce qu'il n'est que trop vrai que des charlatans qui usurpent ce nom d'écuyer, ne manquent jamais d'abîmer tous les chevaux qui passent par leurs mains. C'est tirer des faits une conséquence logique à la manière de ces théoriciens *du progrès social*, qui ne voyent d'autre moyen de purger Paris des voleurs et des assassins dont il est infesté, qu'en supprimant la police et les gendarmes.

CHAPITRE XV.

LEÇONS POUR PRÉPARER AUX REPRISES DE GALOP.

C'est en faisant répéter l'emploi du fouet et de la jambe avec l'*opposition de la main de la bride*, qu'on préparera l'écolière à rassembler son cheval et à *l'embarquer au galop*. En répétant également *l'arrêt par la retraite du corps*, elle apprendra en peu de tems à avoir une bonne main dans ces deux actions importantes de l'équitation des dames, le *départ* et l'*arrêt du galop*; elle apprendra aussi à régler cette allure dans un mouvement égal et cadencé, mais il ne faudra pas encore lui parler des *moyens déterminans pour obtenir le galop de tel ou tel pied*. Ces leçons préparatoires sont indispensables et je ne saurais trop les recommander.

CHAPITRE XVI

DE CE QU'ON ENTEND PAR *RASSEMBLER SON CHEVAL*
(Voy. *T. R.*, chap. XXXIII).

Suite de la Leçon préparatoire du Galop.

Je ne saurais trop répéter que la rapidité des progrès dépend de l'ordre graduel des leçons. En équitation , il faut se hâter lentement. Si on veut marcher trop vite , on se perd dans sa. route et il faut continuellement revenir sur ses pas. C'est en suivant ce principe, qu'on. ne doit donner la leçon raisonnée du départ au galop qu'après que les écolières connaissent bien celle du *rassembler.* Ce qui leur rend cette dernière facile et profitable, est de leur faire monter des chevaux ayant de *belles hanches* , c'est-à-dire susceptibles de pouvoir passer

Pl. 9.

Chap.e 16.

Livre de Rassemblent.

Préparation au Galop par le passage et le piaffer.

Lith. de Thierry Frères

graduellement *du pas au passage et du passage au piaffer*. Pl. IX. En répétant souvent ces leçons du *rassembler*, il faudra expliquer comment certains chevaux se rassemblent naturellement d'eux-mêmes, tandis que d'autres ne se rassemblent que très-difficilement, ou ne peuvent pas se rassembler du tout, quoique montés par les meilleurs écuyers (Voy. *T. R.*, chap. XXXIII).

CHAPITRE XVII.

DU DÉPART AU GALOP, SANS DÉTERMINER DE QUEL PIED.

Tout cheval dressé pour les femmes doit partir très-facilement *du pas au petit galop*, sur la pression de la jambe gauche et du fouet *derrière les sangles* ou à l'épaule droite et par une *légère opposition de la main de la bride*. Mais comme le cheval le mieux *mis* se dérange quand il n'est pas continuellement entretenu dans sa justesse par un écuyer, et comme tous les chevaux de femme ne sont pas aussi accomplis, il faut nécessairement habituer les écolières à faire partir leurs chevaux du trot au galop, et même *au bout de leur train* (Voy. *T. R.*, chap. XLII), et sans faire *opposition de la main*, afin de pouvoir aussi se servir à la campagne ou en voyage de ces chevaux, *dits de femme*, qui sont parfois doux de caractère et commodes d'allures, mais qui, n'ayant pas été dressés au manège, ne connaissent pas *les oppositions de main* et n'y répondent qu'en s'arrêtant tout court et par des *contre-tems*.

Quand les écolières joindront à la régularité de la position une certaine *assurance de l'assiette* et quelque *accord des aides*, on leur enseignera à faire partir leur cheval au galop, en déterminant le pied, dans le manège d'abord, hors du manège ensuite; mais avant cela, il faudra leur faire comprendre combien il importe de bien *sentir ses chevaux*, et leur donner les leçons préparatoires qui mènent le plus sûrement et le plus vite à ce sentiment.

CHAPITRE XVIII.

IMPORTANCE ET DIFFICULTÉ DE *SENTIR SES CHEVAUX*,
OU DE *SENTIR SON GALOP DANS LA PERFECTION.*

**Pourquoi les femmes acquièrent ce sentiment bien plus promptement
que les hommes.**

Comme la position en selle de femme rend le sentiment du
galop bien plus facile à saisir qu'en selle d'homme, et comme
j'ai défini le parfait sentiment du galop et l'art de le déterminer sûrement du pied voulu, sans mettre le cheval de travers, comme le *nec plus ultrà* de l'équitation (Voy. *T*. *R*.,
chap. **LV**), je ne crois pas avoir avancé une erreur quand j'ai
dit que les femmes bien enseignées pouvaient, en peu de
tems, apprendre à mener leurs chevaux avec une grande justesse.

Ce qui fait que les femmes sentent très-bien *leur galop* en
peu de tems, tandis que les hommes n'y arrivent qu'après

des années de travail, c'est que le galop à gauche leur est toujours peu agréable, si uni qu'il soit, en ce qu'il imprime un mouvement assez marqué sur la seule cuisse gauche, ce qui fait aussi reculer leur assiette à droite ; quand le cheval galope du pied droit, l'action se communique bien aussi sur la cuisse droite, mais cette cuisse étant comme enfermée dans la fourche, son déplacement est bien moins considérable. Chez les hommes, le mouvement du galop se communique et sur l'assiette et sur les deux cuisses et sur les deux jarrets à la fois, qui forment une pression des deux côtés de la selle ; cette pression, comme je l'ai déjà dit, donne beaucoup plus de solidité au cavalier ; mais, employée au-delà d'un certain degré, elle rend le sentiment du galop bien plus difficile à saisir, l'assiette n'étant pas plus ébranlée par le galop du pied gauche que par celui du pied droit. En selle de femme, au contraire, cette différence est d'autant plus facile à reconnaître, qu'on est à son aise du pied droit, même avec un cheval dont le galop est dur, et toujours un peu déplacé du pied gauche avec le cheval dont le galop est le plus uni.

De ce grand avantage, de bien *sentir ses chevaux*, résulte nécessairement celui de savoir se rendre compte des *tems de levées et de foulées*, au pas et au trot (Voy. *T. R.*, chap. LII) ; et dès-lors plus d'incertitude pour faire partir le cheval au galop du pied voulu (Voy. *T. R.*, chap. LV), et une facilité admirable pour lui faire exécuter les mouvemens les plus simples comme les plus savans du manège par une action d'aide imperceptible à l'œil du spectateur, attendu que tout le système de locomotion réside dans les tems de *levées* et de *foulées*.

Il résulte de ceci, que les femmes peuvent arriver en peu de tems à une grande facilité d'exécution, bien que privées des moyens de pression dont j'ai déjà parlé et qui nous permettent d'ajouter, quand il le faut, la vigueur à la justesse ; aussi n'est-il pas rare de voir des écolières qui n'ont reçu qu'une trentaine de leçons mener beaucoup mieux certains chevaux que des écoliers qui en ont pris plus de deux cents (1).

C'est que tout ce qui tient à cette adresse des mains et à un admirable tact d'à propos est particulièrement du domaine des femmes, et ces dons providentiels acquièrent une supériorité au-dessus de toute expression quand ils se tournent vers les arts d'agrément et qu'ils sont dirigés par un maître au-dessus du vulgaire. Et, je le répète, la bonne équitation, surtout celle à l'usage des dames, ne peut et ne doit être considérée que comme art d'agrément, et jamais comme exercice de vigueur et de force.

Pour apprendre à *bien sentir ses chevaux*, voilà le meilleur moyen :

Il faut bien s'asseoir avec la ceinture souple pour se lier le plus possible aux mouvemens de son cheval que l'on met au grand pas ; puis, en cherchant à sentir l'instant où il pose le pied droit de devant à terre, on dit : *droit* (on peut s'aider d'abord en regardant quand le pied pose), et quand c'est le pied gauche qui pose, on dit : *gauche* ; il faut continuer de dire *droit, gauche*, de la même manière, en faisant bien accorder la parole avec la *foulée*, et en cherchant à faire passer ce sentiment dans l'assiette et dans la cuisse, sans avoir besoin de regarder à l'épaule.

Voici une seconde leçon que je donne aux écolières un peu

---

(1) Il est des chevaux si sensibles et si irritables aux jambes, qu'on ne peut les mener en homme qu'avec une grande justesse de cette aide. Ceux-là vont mieux sous les femmes, parce que, ne sentant plus les jambes, ils deviennent beaucoup plus calmes que sous des cavaliers dont les éperons viennent à chaque instant les exciter à des mouvemens désordonnés.

plus avancées : Étant arrêtée sur place, j'invite la dame à faire marcher son cheval un certain nombre de pas (douze, je suppose). Au lieu de lui faire prononcer *droit*, *gauche*, comme dans l'autre leçon, je lui dis de compter en elle-même les pas de son cheval depuis un jusqu'à dix, et de former l'arrêt sur ce dernier pas; et comme le cheval ne s'arrête pas tout court sur l'arrêt de la main, et qu'il fait ordinairement deux petits pas pour établir son aplomb sur place, ces deux pas complètent les douze que j'ai déterminés. Ainsi je dis : *Partez pour faire douze pas et arrêtez sur le dixième*; comme je compte de mon côté en même tems que l'écolière, je puis reconnaître si elle a bien senti les *tems de foulées*, dont je fais varier le nombre afin de la perfectionner par cette épreuve. Ces leçons, suffisamment répétées au pas et au trot, prépareront l'écolière à *sentir ses chevaux au galop*, et alors elle n'aura presque plus rien à faire pour savoir les déterminer à partir du pied voulu (1).

Voilà une troisième leçon non moins importante pour faire *accorder la main avec les tems de levées et de foulées* :

En commençant par le pas, je fais marcher l'écolière bien droit sur la piste, que je suppose ici à droite, et je lui dis de faire tourner son cheval pour *doubler* sur un point déterminé

(1) Ce n'est pas moi qui ai inventé à plaisir la grande difficulté de *sentir ses chevaux dans la perfection*, ce n'est pas moi qui ai dit le premier : « que tout homme qui possède ce sentiment est véritablement écuyer, et que celui qui est obligé de regarder l'épaule ou les jambes de son cheval, pour s'assurer s'il galope à droite ou à gauche, n'est pas même *homme de cheval* et ne peut être qu'un charlatan, s'il a la prétention de dresser des chevaux »; ce sont les auteurs et les écuyers les plus célèbres qui ont écrit et répété ces vérités.

Il y a, il est vrai, un moyen de trancher la difficulté : c'est d'avoir constamment le corps en avant et la tête placée de telle sorte que le rayon visuel tombe

et indiqué sur le mur du manège; après lui avoir expliqué que
sa main doit agir pour déterminer le premier pas du tournant
ou *doublé, dans l'instant où la jambe droite de devant s'élève
de terre*, et conséquemment *dans l'instant où la jambe gauche
de devant fait point d'appui*, ce que j'appelle *accorder la main
avec le tems de jambe;* je lui fais répéter cette leçon de la
même manière jusqu'à ce qu'elle la comprenne et l'exécute
bien, au pas d'abord, et au trot ensuite. Voilà le grand secret
pour faire obéir son cheval dans toutes les directions par
une action imperceptible de la main, ou, ce qui est la même
chose, *par le sentiment de la rêne de dedans.*

Quand, au lieu de cela, on tourne sur la *fausse foulée*, c'est-
à-dire quand on fait agir la main qui détermine le premier pas
du *doublé à droite, dans l'instant où c'est la jambe droite de
devant qui fait point d'appui ou foulée*, comme ce mouvement
est contre nature, le cheval n'y cède qu'avec peine et presque
toujours en faisant un faux pas; il arrive encore que la main
étant obligée d'agir avec plus d'énergie, se porte trop sur la
droite; alors, au lieu de ce *sentiment de la rêne de dedans* qui
amène la tête, et plie l'encolure de ce côté, c'est *la rêne de
dehors qui tire et se couche sur l'encolure*, et retient la tête à
gauche; dans cette manière de *tourner sur la fausse foulée*, il y

---

d'aplomb sur les pieds de devant du cheval; alors, *il ne faut plus que des yeux
pour sentir son galop* (Voy. *T. R.*, chap. LIV). Cette position n'est ni belle ni
solide pour un homme, et il ne serait pas difficile de prouver qu'une femme aussi
bien faite que Diane, qui voudrait se placer à cheval d'après un tel système,
perdrait tous ses avantages naturels et se rendrait disgracieuse en pure perte, en
s'exposant encore à recevoir des coups de tête de cheval dans la figure, et dans
la poitrine. Croyez-le, Mesdames, l'*équitation instinctive*, de même que l'*équitation excentrique*, n'est ni belle ni de bon ton, et elle expose aussi à plus d'un
danger.

a trois contre-sens : *violation des lois de l'équilibre*, *faux emploi de la rêne*, *faux pli de l'encolure* (Voy. *T. R.*, chap. LIII).

Ce sont ces contre-sens qui font souffrir et défendre les jeunes chevaux que l'on soumet pour les premières fois à la *douloureuse et dangereuse action du mors*. Ayant appris d'abord à tourner à droite, par la rêne droite du bridon, et à gauche, par la rêne gauche, *ce qui est très-naturel*, il n'est pas étonnant qu'ils éprouvent une grande difficulté et douleur, quand, plus tard, on leur met un mors dont la seule présence dans leur bouche cause déjà une grande gêne, et qu'on veut les faire tourner à droite, avec la rêne gauche, et à gauche, avec la rêne droite, *ce qui n'est pas naturel* (Voy. *T. R.*, chap. XVIII).

---

(1) Ces contre-sens ont été aussi aperçus par un colonel de cavalerie (M. Voisin), et il a proposé d'y remédier par de nouveaux effets de rênes que j'ai trouvés aussi simples qu'ingénieux.

CHAPITRE XIX.

SUITE DE LEÇONS ET D'OBSERVATIONS RELATIVES AU GALOP.

En reprenant la leçon du *départ au galop* sans déterminer le pied, je ne saurais trop recommander de ne pas faire *opposition de la main de la bride* quand le cheval marque cette opposition de lui-même, car alors il y a contre-sens, et tout contre-sens en équitation a toujours pour résultat de faire souffrir le cheval, de l'exciter à la défense, et partant, d'exposer plus ou moins la personne qui le monte.

Cependant beaucoup de femmes ayant une certaine habitude, font un contre-sens au moment du départ; elles commencent par faire *opposition de la main*, tandis qu'il faut employer d'abord l'aide de la jambe gauche et du fouet qui tendent à chasser le cheval en avant, pour opposer ensuite la main qui *rassemble* et enlève le premier tems de galop presque sur place, le *devant haut* et les *hanches basses*, ce que l'on appelait dans l'ancienne équitation : le *beau-partir*.

Ce contre-sens explique pourquoi tant de chevaux de femme *trépignent* plusieurs tems sur place au lieu de se mettre franchement au galop du premier tems ; c'est que la main de la bride arrivant mal à propos quand le cheval s'enlève de lui-même sur les hanches, vient, pour ainsi dire, *briser le départ ;* mais comme il n'y a point de règle sans exception, je recommanderai, au contraire, avec le cheval qui, au lieu de marquer le tems d'arrêt en se rassemblant au pas, *gagne de vitesse au trot,* de faire premièrement opposition de la bride, pour le remettre au *pas cadencé* ; je suppose toujours un cheval dressé, car, avec celui qui ne l'est pas, on ne peut donner des règles fixes.

Il arrive encore immanquablement avec les chevaux de femme, que l'on n'a point dressés à *marcher de deux pistes,* ou avec ceux qui, quoique bien dressés, sont montés par des femmes qui n'ont point appris à se servir de leur jambe gauche, que quand le cheval veut se refuser au départ au galop (et notez bien qu'il s'y refuse souvent, soit qu'on le rebute par les contre-sens que je viens de signaler, soit qu'on abuse de ses forces en voulant qu'il galope indéfiniment), il arrive, dis-je, qu'au lieu de se porter en avant au galop sur la ligne droite, le cheval, *en se retenant,* dévie encore plus sur la gauche, et alors tous ses mouvemens tournent en défense. C'est ordinairement là où échouent les femmes qui montent à cheval uniquement par routine, car, n'ayant rien à opposer pour empêcher les épaules de dévier à gauche, plus elles frappent du fouet sur l'épaule droite, plus elles excitent le cheval à se jeter encore à gauche, au risque de se heurter sur les objets qui se trouvent sur le chemin.

C'est pour prévenir ce désordre, que j'enseigne à mes écolières à se servir adroitement du fouet, et au besoin vertement sur l'épaule gauche pour l'empêcher de dévier de ce côté.

CHAPITRE XX.

LES CHEVAUX SONT TOUJOURS FACILES A MENER QUAND ILS ONT ÉTÉ DRESSÉS PAR LA DOUCEUR.

Tout en désirant que les écolières sachent bien employer leurs aides dans toutes les occasions possibles, afin de pouvoir mener au besoin des chevaux peu ou point dressés, je ne veux pas moins, que hors l'étude du manège, quand elles ne sont plus sous la leçon, on ne leur donne que des chevaux extrêmement faciles *et allant presque seuls*. Aussi, ceux que je dresse à leur usage passent du pas au petit galop sur la seule pression du fouet, ou rien qu'en prononçant très-bas un mot de convention, comme : *allez! au galop! en avant!* etc. Je les arrête de même par la voix. Ils partent également du pied droit ou du gauche au *commandement*, c'est-à-dire, sur un mot adopté, comme *droit*, *gauche*, ou bien, en portant la main de la bride un peu à gauche pour partir du pied droit, et un peu à droite, pour partir du pied gauche (1), et c'est chose remarquable, que la finesse de l'ouïe chez la plupart des chevaux, et combien il est aisé de les faire agir sur un mot ou un son employé toujours dans la même circonstance.

Il n'est pas nécessaire d'être écuyer pour faire exécuter aux chevaux des choses surprenantes dans ce genre, il ne faut, pour en avoir la preuve, que voir ces *petits chevaux savans* que des malheureux font travailler sur les places publiques de tous les pays, en se recommandant, pour prix de la gentillesse et du savoir-faire de leurs élèves quadrupèdes, aux modiques aumônes des passans (2).

Mais il ne faut pas s'y tromper, on n'arrive à ces résultats que par une certaine étude du *moral du cheval*, partie importante que beaucoup d'écuyers anciens et modernes ont dédaigné ou négligé d'approfondir, et qu'ils ont été loin de con-

---

(1) Notez bien qu'en indiquant de porter la main ou les épaules à gauche pour que le cheval parte du pied droit, je n'entends pas que ce soit un *moyen déterminant*; c'est simplement comme un signe de convention entre le cavalier et le cheval. *En portant la main ou les épaules à droite, on habituerait également le cheval à partir du pied droit.* On verra par la suite qu'il n'y a de moyen déterminant pour obtenir le galop du pied voulu, que dans l'action *du tems de jambe* (Voy. *T. R.*, chap. LV).

(2) En parlant de la finesse de l'ouïe de certains chevaux, je pourrais dire aussi sans me tromper, et *la justesse* de cet organe. J'ai vu en Italie le cheval d'un *maestro* ambulant qui battait la mesure avec le pied, à deux et à trois tems très-régulièrement; il passait avec la musique de l'*andante* à l'*allegretto* sans se tromper, et restait aussi la jambe en l'air pendant un certain nombre de mesures. Je suis persuadé que si les chevaux de manège étaient accompagnés dans leur travail par une musique analogue aux mouvemens qu'on leur ferait exécuter, les choses les plus simples produiraient un magique effet, *et que les chevaux eux-mêmes se régleraient sur le rhythme.*

Quand j'écrivais cette note, en 1832, à Como, en Lombardie, j'étais loin de penser que je verrais mon opinion complètement justifiée dix ans plus tard. Ainsi

naître aussi bien que de pauvres bateleurs qui n'ont eu aucune prétention à la science équestre. C'est quand l'âge et l'expérience ont mûri mon jugement et calmé ma tête, que j'ai reconnu combien la patience et la douceur influent avantageusement sur le caractère du jeune cheval, sur son intelligence, sa mémoire, ses mouvemens, l'expression de sa physionomie, et surtout sur sa conservation. Je suis entré dans ces détails, afin d'engager les dames qui ont des chevaux leur appartenant, à ne les confier pour être dressés, qu'à des écuyers joignant la patience au savoir. Les chevaux de femme, bien plus que les autres, doivent être toujours *en confiance* et dociles à la voix. Pour qu'il se conservent ainsi, il ne faut jamais les battre, ni pendant qu'on les monte, ni pendant qu'on les panse, ni pendant qu'on les ferre.

---

les mêmes personnes, qui n'ont vu dans le travail des écuyers et des chevaux du manège de Versailles, qu'une *régularité silencieuse, monotone et glaciale,* ont trépigné d'enthousiasme, quand, dix ans après la suppression de cette école, on leur a montré, *comme chose toute nouvelle,* un cheval *galopant presque sur place ou de deux pistes;* avec cette différence, qu'au lieu de travailler en plein jour sur les lignes droites d'un immense manège, ce cheval ne peut que tourner dans les étroites limites d'un cirque de voltige resplendissant de lumières. Voilà déjà passablement de prestige théâtral pour chauffer le spectateur. Mais ce cheval, sur lequel on veut attirer toute l'attention, ne fait pas un mouvement qui n'ait été musicalement étudié, et complaisamment accompagné de la délicieuse mélodie d'un habile artiste, et le spectateur est enlevé avec l'aide de Rossini ou d'Auber, cela se comprend.

Ah! pauvre *Cerf,* toi, la première cause d'une grande renommée équestre, et qui fus livré si inhumainement au couteau de l'écarrisseur, comme *vieux cheval des écuries de Charles X!* de quels applaudissemens frénétiques et de quels *jets de couronnes* n'aurais-tu pas été l'objet, si ceux qui ont refusé un peu de paille à tes vieux jours avaient eu l'heureuse idée de faire accompagner tes pas et des tonnerres du grand orchestre, et de la suavité du solo!

CHAPITRE XXI.

DES MOYENS QUI DÉTERMINENT LE CHEVAL DRESSÉ OU NON DRESSÉ A PARTIR AU GALOP DU PIED VOULU, SANS LE METTRE DE TRAVERS, CE QUI EST LE *NEC PLUS ULTRA* DE L'ÉQUITATION.

Si j'ai tardé jusqu'ici à indiquer les seuls et uniques moyens qui déterminent le cheval à partir sans effort au galop, de tel ou tel pied, suivant la volonté du cavalier, c'est que j'ai voulu éviter aux dames la fatigue et le dégoût qu'entraînent toujours les définitions savantes, quand les élèves n'y ont pas été suffisamment préparés par des leçons élémentaires.

La première chose à savoir, avant de chercher à employer *les moyens déterminans*, c'est, comme je l'ai longuement développé dans mon *Traité raisonné*, et comme je l'ai répété dans cet ouvrage, *de bien sentir ses chevaux ou son galop.*

8

Je dis plus, il y a un si grand avantage à posséder *ce senti-ment* dans toute sa perfection, qu'on peut presque toujours obtenir de son cheval, qu'il se mette au galop d'un pied comme de l'autre, sans avoir besoin de l'y contraindre par des moyens déterminans.

C'est-à-dire qu'on peut réduire toute la question à ceci :

Laisser faire le cheval, quand il part juste ;

L'arrêter, quand il part à faux.

Ainsi, vous êtes dans le manège sur *la piste à droite*, vous désirez par conséquent qu'il parte du pied droit pour qu'il soit *juste*, qu'il ne soit point faux (Voy. *T. R.*, chap. XL).

Si ce cheval est un *cheval de manège*, il y a dix à parier contre un, qu'il se mettra de lui-même du pied droit, et par la force de l'habitude et parce qu'il se trouve plus à son aise en galopant *juste*, qu'en tournant *à faux*.

Vous n'avez donc pas besoin d'employer les moyens déter-minans, puisqu'il y a dix probabilités contre une, qu'il partira juste de lui-même.

Mais si, par extraordinaire, il part du pied gauche, s'il s'est trompé au premier tems du départ (comme cela arrive quel-quefois aux plus *vieux routiniers*), il se remet encore de lui-même *juste* au deuxième ou troisième tems, sans que vous ayez besoin de l'arrêter ; mais s'il continue à *faux* trois ou quatre pas, c'est alors que vous l'arrêtez.

A la deuxième épreuve, le cheval part encore du pied gauche ou à *faux*. Si vous l'avez *senti dès le premier tems*, et que vous l'ayez arrêté au pas par la *main de la bride*, *très-juste*, avant qu'il ait fait le deuxième tems, il y a vingt à parier contre un, que la précision avec laquelle vous avez formé l'ar-rêt, l'a suffisamment averti que vous ne le laisseriez pas ga-loper du pied gauche, et que de lui-même il se mettra du pied droit. Gardez donc encore vos *moyens déterminans*, puisque vous n'en avez pas besoin (1).

Mais ce *cheval de manège*, si bien au fait de son travail, par une cause connue ou inconnue, accidentelle ou permanente (*faiblesse, souffrance de la jambe gauche de devant qui fait point d'appui, la même chose au jarret droit qui fait ressort*), s'obstine à galoper du pied gauche ; alors il rentre dans la condition du cheval non dressé, *ou difficile au départ*, de celui qu'il faut obliger à partir du pied voulu par *une puissance physique* (2), assez grande pour dominer les causes de résistance.

---

(1) C'est presque toujours parce que le professeur indique à l'élève des moyens faux pour obtenir le galop de tel ou tel pied, et que l'élève les exécute encore plus mal qu'ils ne lui sont indiqués, que le cheval souffrant de toutes ces contradictions s'épuise en défense et s'obstine à galoper du pied contraire. Les plus fameux écuyers du siècle dernier, qui étaient très-sobres de paroles, disaient aux élèves faibles qui commençaient à monter des chevaux de manège *fins* et ardens : « *Laissez-le partir au galop et tâchez de le sentir ; ne l'empêchez pas de bien faire, il en sait plus que vous.* » Il y avait un grand sens dans ces paroles peu louangeuses adressées souvent à de très-grands seigneurs qui ne s'en fâchaient pas. Alors on allait beaucoup moins vite, mais bien plus sûrement. On comprenait que les plus grandes difficultés de l'équitation ne pouvaient se vaincre que par une longue habitude et non par un déluge d'explications criardes. Aussi les reprises de galop se faisaient avec une grande régularité et dans un profond silence. Généralement aujourd'hui c'est tout le contraire.

(2) Quand je dis une *puissance physique*, j'entends une puissance de *locomotion* et non cette puissance qui résulte de la douleur, de l'action des éperons et *des oppositions de rênes*, quand ces oppositions sont trop énergiques ; ni de placer le cheval de travers, c'est-à-dire de lui mettre les épaules à gauche sur le mur, et les *hanches en dedans* à droite pour le faire partir du pied droit.

Je condamne ce moyen, 1° parce qu'il est faux, et parce qu'une femme qui l'emploie risque de faire abattre son cheval sur *le talus* et de s'écraser les jambes

Mais, pour que cette *puissance physique ou moyen déter-minant* soit réelle, il faut que celui ou celle qui veut en impres-

---

elle-même sur ce talus ; 2° parce qu'en plaçant le cheval *de travers*, ou si l'on veut, *diagonalement au mur* avant le départ, on a à peine le tems de le *redresser* avant de passer le premier *coin*, difficulté qui s'augmente en raison directe du peu de longueur du manège et qui expose le cheval à tomber dans le premier ou le second coin, s'il gagne de vitesse.

Pourquoi donc ne pas faire partir le cheval le plus droit possible d'épaules et de hanches *en saisissant le tems de jambe ?* Cette question, je ne l'adresse pas à ceux qui, ne sentant pas leurs chevaux, ne conviennent pas que les autres puissent les sentir ; je l'adresse aux écuyers qui les sentent tout aussi bien que moi et qui les décident du pied voulu avec ce grand tact d'à propos qui est une des précieuses traditions du manège de Versailles. Mais ce tact d'à propos, ce *partir à la royale,* n'est autre chose que de savoir *saisir le tems de jambe,* ce dont M. le vicomte d'Abzac est positivement convenu, dans une conversation que j'eus l'honneur d'avoir avec lui en 1820, et dans laquelle il me dit ces propres paroles, avec ce son de voix grave qui lui était particulier : « *Le tems de jambe est un grand secret qu'il faut garder pour soi* ». Serait-ce pour suivre le même système de réserve, tant soit peu égoïste, il faut en convenir, que des élèves dignes du grand maître, n'indiquent comme *moyen déterminant* pour obtenir le galop du pied voulu, soit dans leurs leçons, soit dans leurs écrits, que l'action *de la rêne et de la jambe de dehors ?* ce que plusieurs écuyers de mon tems appelaient *la malice de la place Maubert.* Pourquoi donc ce silence sur cette puissante action *du tems de jambe* que plusieurs de mes anciens élèves emploient avec succès depuis plus de vingt ans? Serait-ce dans la crainte d'être mis au nombre des charlatans, parce que M. Baucher prononce ce foudroyant anathème à la page 151 de son Dictionnaire ?

« *Combattons maintenant l'opinion de ceux qui prétendent sentir le mouvement de chaque extrémité à l'allure du pas, et qui savent, disent-ils, en profiter, pour faire partir le cheval sur le pied droit ou sur le pied gauche à leur volonté. Ce CHARLATANISME peut être mis en parallèle avec la botte secrète de quelques maîtres d'armes.* »

Quand M. Baucher, dont je n'avais jamais entendu parler, publiait son Dictionnaire, mon *Traité d'Équitation* n'avait pas paru, et nous étions séparés, M. Baucher et moi, par plus de 200 lieues, presqu'aussi éloignés peut-être que nous le sommes encore aujourd'hui dans notre manière de monter à cheval et de dresser

sionner le cheval, ait quelque connaissance de ses allures, une
position régulière et aisée, de la justesse dans les aides, et

---

les chevaux. Je crois donc qu'il n'a pas plus pensé à moi, en parlant des *charla-*
tans qui prétendent sentir le mouvement des extrémités, que je n'ai pensé à lui,
en parlant *des ignorans qui ne sentent pas le mouvement des extrémités ou des*
foulées. Toujours est-il que c'est lui qui a placé la question sur ce terrain et que
ma position m'imposait les explications que je donne dans cet ouvrage qui, bien
qu'entièrement contraire au système de M. Baucher, n'est pas pour cela une
œuvre de charlatanisme.

Nul doute que si tous les écuyers et maîtres de manège en réputation depuis
vingt et trente ans venaient confirmer l'opinion de M. Baucher, en avouant *qu'ils*
ne sentent pas le mouvement de chaque extrémité à l'allure du pas, je trou-
verais plus d'une incrédule chez les dames élèves de ces écuyers, qui me feront
l'honneur de lire cet ouvrage, où j'explique autant qu'il dépend de moi, le *système*
du tems de jambe qui a été l'étude d'une partie de ma vie, et que je leur indique
comme la clef de toutes les difficultés de l'équitation; et c'est alors que je pourrais
bien passer à leurs yeux pour un charlatan qui veut « *dérouter entièrement*
« *l'élève et lui faire prendre en dégoût l'exercice auquel il se livre, en augmen-*
« *tant les difficultés de l'équitation par des données impraticables.* » (Même
auteur et même page.)

Mais je ne pense pas, qu'excepté l'auteur cité, aucun écuyer, aucun amateur
fasse cet aveu plus que modeste.

En tous cas, je ne redoute nullement de citer les auteurs chez lesquels j'ai
puisé mon système d'enseignement, ce sont : MM. de la Guérinière, Dupaty de
Clam, Thiroux, Mottin de la Balme, de Bohan, de Chabannes, etc., etc., et
quelques auteurs allemands, italiens, espagnols, voire même *Xénophon* (récem-
ment traduit par M. le baron de Curnieu), qui ont pensé, comme j'en suis persuadé depuis environ quarante ans, *qu'il n'est pas impossible de sentir le mouve-*
ment de chaque extrémité à l'allure du pas et d'en profiter pour faire partir le
cheval sur le pied droit ou sur le pied gauche.

Si tous ces écuyers n'ont été que des charlatans titrés, s'ils n'ont écrit que des
janotismes, s'il ne leur est jamais venu dans l'idée d'*assouplir un cheval*, quand
il était raide à l'une ou l'autre main, il faut leur rendre du moins cette justice
que ce sont des charlatans de fort bonne compagnie, et qu'une dame qui veut
prendre la peine de lire leurs ouvrages est bien sûre de ne pas y trouver de ces
expressions que la bonne compagnie réprouve.

puis , ce qui est la conséquence de tous ces avantages, qu'il *sente ses chevaux dans la perfection.*

Et c'est parce que tout cela est assez difficile à comprendre et encore plus difficile à exécuter, que je l'ai défini comme le *nec plus ultrà* de la science équestre, et que je n'ai jamais cru devoir traiter cette grande question avec la masse indifférente des élèves, ceux qui savent à peine tenir leurs rênes, et qui n'ont ni la possibilité , ni le tems, *ni même le désir* de devenir savans en équitation.

Maintenant nous allons expliquer ce *moyen déterminant* pour faire partir, du pied droit ou du pied gauche , le *cheval non dressé qui ne sait pas*, de même que *le cheval dressé qui ne veut pas ou qui ne peut pas.*

C'est ici où je réclame toute l'attention du lecteur, ou, pour mieux dire, la bienveillante attention de la lectrice.

Considérons le cheval dans son état naturel et posons cette question :

Quel est l'ordre successif et naturel de ses jambes ou de ses *foulées* sur le sol, dans le moment où il passe du trot *au galop du pied droit ?*

Avant de répondre à cette question, observons d'abord que c'est toujours du trot que l'on *embarque au galop* tout cheval qui n'est pas dressé, et qui doit cependant, de même que celui qui est dressé, partir du pied voulu sans être de travers, c'est-à-dire *sans avoir les épaules sur le mur du manège, et les hanches en dedans.*

Réponse :

Cet ordre le voici :

La jambe gauche de derrière commence le premier tems par sa *foulée* qui attaque plus vivement le sol; c'est elle qui donne le premier élan à toute la machine en lui faisant décrire une petite parabole en avant.

La jambe droite de derrière marque le deuxième tems.

La jambe gauche de devant, le troisième.

Enfin la jambe droite de devant, le quatrième ; c'est elle qui mène et c'est elle qui finit. Voilà le cheval au galop du pied droit.

Partant de cette importante démonstration, il est donc bien prouvé que *c'est la gauche de derrière* qui commence l'action *du galop à droite ;* c'est elle qui élance la masse en avant en l'élevant du sol, c'est elle enfin qui fait cette *foulée* que plusieurs écuyers ont définie par *tems de jambe,* premier moteur du départ.

Conséquemment, quand le cheval part *au galop du pied gauche, c'est la jambe droite de derrière* qui est le premier moteur de cette action.

Ceci posé, et en procédant du *connu à l'inconnu,* il en résulte que :

Si vous avez assez de justesse et d'à propos pour chasser légèrement la masse en avant (soit par les jambes, soit par la gaule, soit par l'appel de la langue ou la voix`, afin d'*enlever le galop à l'instant même où la jambe gauche de derrière fait sa foulée,* il est indubitable que le cheval partira *du pied droit,* parce qu'il ne peut pas faire autrement et qu'il obéit à *cette puissance physique ou moyen déterminant,* dont j'ai parlé tout-à-l'heure, puissance qui domine son ignorance, son habitude, sa volonté et même sa douleur si elle existe. Qu'il galope dans la prairie en pleine liberté, ou dans un manège, sous un habile écuyer, *le premier moteur du départ à droite,* sera toujours dans l'une et l'autre hypothèse *la foulée de la jambe gauche de derrière.*

En étudiant ce chapitre, et en mettant en pratique les principes qu'il renferme sur un certain nombre de chevaux, on reconnaîtra bientôt tout le vide, toute la niaiserie de ces moyens de porter les épaules du cheval sur le mur avec l'inconvénient pour les dames de s'écraser les jambes sur ce mur, quand elles sont sur *la piste à droite*, et de ne plus avoir de moyen d'action quand elles sont hors du manège où il n'y a plus de mur ; et je dis que, sans effort, sans humeur, sans contrainte, le cheval partira bien droit du pied voulu, pourvu que vous saisissiez le tems de jambe à propos, ce qui deviendra très-facile du moment où vous sentirez vos chevaux dans la perfection.

Et comme l'*assiette* agit puissamment comme *aide* sur les chevaux *fins* et ardens, il faudra peser davantage sur le côté gauche quand vous voudrez que le cheval parte à droite. Cette pesanteur déterminera mieux la foulée de la jambe gauche de derrière, de même qu'en allégeant l'assiette à droite, le départ se fera plus facilement de ce côté.

Il faut bien observer qu'en pesant sur l'assiette d'un côté ou de l'autre, afin d'obtenir des effets de *contre-poids*, le corps du cavalier ne doit jamais se pencher avec excès, ni faire encore moins de ces *mouvemens déhanchés* dont j'ai déjà signalé l'abus (Voy. *T. R.*, chap. XLI). Chez les dames, ces mouvemens sont aussi disgracieux qu'inconvenans.

Observons encore que *les tems de levées et de foulées* étant très-rapprochés l'un de l'autre, il faut que l'*aide* qui détermine le galop soit aussi prompte que la foulée elle-même pour s'y accorder parfaitement. Pour les dames, c'est le petit coup de fouet derrière les sangles qui est l'aide la plus prompte comme la plus déterminante. Je conviendrai donc que le *tems de jambe saisi à propos*, qui fait obéir le cheval neuf comme s'il était dressé, ou qui oblige celui qui s'y refuse à partir malgré lui, est une *véritable surprise*, puisque son effet a lieu dans un clin-d'œil, et que le cheval ne peut s'y soustraire que par *une contre-foulée* ou *fausse foulée* encore plus prompte (Voy. *T. R.*, chap. LV), mais il ne doit pas être pour cela *un à-coup, une secousse*, et il le deviendrait immanquablement si le cavalier n'était pas intimement lié à son cheval, et si son assiette, ses jambes et ses mains n'étaient pas bien assurées, avant, pendant et après l'action qui détermine le galop.

Il importe donc essentiellement de savoir *allier la promptitude à la justesse de l'aide*, pour réussir dans cette opération où l'on juge sûrement du mérite de l'écuyer consommé, mais que ne saurait comprendre ni exécuter celui qui ne l'est pas.

Et si un critique venait m'adresser cette question : Il faut donc que les dames qui ne veulent pas se donner la peine d'apprendre toutes ces choses ne fassent jamais galoper leurs chevaux tantôt d'un pied, tantôt de l'autre ?

Je lui répondrais : A celles qui ne veulent pas se donner la peine d'apprendre toutes ces choses (et je suis loin de prétendre qu'une dame ne saurait se promener à cheval et y avoir beaucoup de grâce et d'agrément sans les connaître, puisqu'il ne manque pas de professeurs d'équitation qui n'en ont pas la moindre idée), il faut donner des chevaux qui soient dressés à partir de l'un ou de l'autre pied au commandement de la voix ou par tout autre action aussi facile, au lieu de leur enseigner des moyens insignifians, contradictoires et souvent dangereux qui ne servent qu'à leur fausser le jugement et à rebuter les intelligences les plus heureuses.

Et pour prouver que les leçons les plus savantes peuvent se prêter à la plus courte analyse, je vais résumer tout ce long chapitre à son expression la plus simple, comme la plus claire à comprendre :

Vous voulez que votre cheval parte du trot au galop du pied droit ?

Commencez par le rassembler pour le rendre léger à la main, afin de le préparer au départ.

Mais s'il est naturellement rassemblé ou même trop rassemblé, ne le rassemblez pas davantage.

Et puis, avec *la main légère*, et non pas sur *l'opposition ou l'arrêt de la bride*, et en tenant votre cheval le plus droit possible d'*épaules et de hanches*, appuyez ou frappez légèrement le fouet derrière les sangles *dans le moment où la jambe gauche de derrière fait sa foulée sur le sol.*

Vous voulez qu'il parte du pied gauche?

Observez la même règle de préparation.

Et puis, appuyez ou frappez légèrement du talon gauche, *dans le moment où la jambe droite de derrière fait sa foulée sur le sol.*

Assez souvent le cheval de femme part plus facilement du pied gauche par l'*aide du fouet* sur l'épaule gauche, que derrière les sangles à droite ou par le talon gauche.

Remarquez bien que je dis l'*aide du fouet ou cravache*, c'est-à-dire qu'il agisse *finement*, selon le degré de sensibilité du cheval (Voy. *T. R.*, chap. XX).

Vous le déterminerez également du *pas au galop* du pied voulu par les mêmes moyens, en observant que le pas étant beaucoup plus doux que le trot, le sentiment des *foulées* devient un peu plus difficile; mais comme d'un autre côté l'intervalle entre chaque *foulée* est plus long, il faut que l'aide déterminante arrive aussi un peu moins vite, ce qui rend peut-être l'action plus facile.

Chap.ᵉ 22.

Reprise au Galop;
sur la piste à droite.

Litho. de Thierry frères.

CHAPITRE XXII.

DES REPRISES DE GALOP ET *DES CHANGEMENS DE PIED.*

Ce sera vers la trentième leçon, en supposant le cours d'é-
quitation doublé, ou composé de soixante-douze leçons, que
l'on commencera *les reprises régulières du galop*. Pl. X et XI.
En mettant un certain nombre d'écolières dans ces reprises,
depuis trois jusqu'à neuf et douze, selon l'étendue du manège, il faudra que chacune d'elles devienne *chef de file* à
son tour (Voy. *T. R.*, chap. XXXV).

Je sais que les écuyers qui dressaient les chevaux de la
Reine et ceux des dames de la cour, ne voulaient jamais que
ces chevaux prissent le galop du pied gauche, se fondant sur
cette vérité, qu'il est moins agréable pour une femme. Mais,
sans déroger aux principes de ces hommes habiles, il faut
dire aussi que le cheval qui ne galope que du pied droit,

s'use bien plus promptement la jambe gauche de devant que celui qui galope également des deux pieds.

Si l'usure de la jambe qui fait le point d'appui ne se manifestait qu'à la longue chez les chevaux des princesses, c'est qu'elles en avaient toujours un certain nombre à leur *rang* particulier. Il n'en est pas de même quand on se sert tous les jours du même cheval; fût-il le plus robuste, je réponds qu'il sera promptement ruiné, si on ne le fait jamais galoper que du même pied.

M. Auguste Pellier, le plus ancien des écuyers professeurs, le même qui donne encore aujourd'hui d'excellentes leçons au manège de M. Leblanc, est le premier qui a innové les reprises régulières de galop pour les femmes, et par conséquent de les exercer à gauche aussi bien qu'à droite. Comme j'étais un de ses premiers élèves alors, j'ai naturellement suivi son exemple en faisant la même chose au *Manège des Dames*, que je dirigeais en l'absence de M. Vincent, mais non sans trouver beaucoup d'empêchement de la part de ce dernier, qui ne manquait jamais de m'adresser cette apostrophe chaque fois qu'il entrait dans le manège et qu'il voyait les écolières au galop sur la piste à gauche : *Vous menez les femmes à tombeau ouvert, pour le plaisir de paraître plus savant que moi!* Qu'aurait-il dit, grand Dieu, s'il eût été témoin de ce qu'on leur fait faire aujourd'hui !

Quant aux changemens de pied qui se font dans les *reprises de galop* (Voy. *T.R.*, chap. XLI), j'ai dit qu'ils étaient plus bril-

---

(1) Le cavalier le plus médiocre, le premier garçon de marchand de chevaux qui a de l'habitude, peut faire faire à son cheval autant de *changemens en l'air* qu'il y a de candélabres dans l'avenue des Champs-Élysées (je ne dis pas que le cheval s'en trouvera très-bien). S'il veut changer *de droite à gauche,* il porte vivement la main à droite et donne un coup d'éperon droit en jetant le corps à

lans d'un *tems* ou *en l'air*, mais qu'ils sont plus savans et beaucoup plus difficiles de *deux tems* (1). Cependant quand les écolières sont jeunes, grandes, sveltes, qu'elles ont une certaine solidité et de la décision, on peut les habituer aux changemens de pied *en l'air*, mais pour les personnes timides, pour celles qui chargent davantage leurs chevaux, il faut se garder *des changemens de pied en l'air*, qui tendent toujours à déplacer plus ou moins l'assiette. Je dois dire encore que pour les femmes qui éprouvent beaucoup de difficulté à se tenir au galop, qui ne montent à cheval que pour raison de santé, on doit se borner au galop du pied droit.

Changemens de pied de deux tems de droite à gauche.

La dame, en se grandissant *du haut du corps* l'assiette fixe et immobile, doit marquer son arrêt de la bride, de manière que son cheval cesse le galop juste *à la fin du changement de main*, c'est-à-dire que son dernier pas de galop termine la diagonale au tems de *une*; puis au tems de *deux*, elle doit le

droite. Pour changer *de gauche à droite*, un coup de main à gauche et un coup d'éperon gauche, en jetant le corps à gauche. Étant ainsi surpris et forcé de se croiser les jambes, le cheval change de pied pour ne pas tomber; voilà toute la la théorie de plus d'un cavalier se croyant savant en équitation. Dans un cercle dont le diamètre est petit, le cheval *change en l'air* encore plus facilement, toujours par le même *instinct de conservation*, et pour ne pas s'abattre.

Mais comme le *changement de deux tems sur la ligne droite* est beaucoup plus difficile, qu'il exige un véritable talent et qu'il ne jette pas de poudre aux yeux de la multitude comme le *changement, en l'air*, c'est bien par ces raisons, que les ignorans qui veulent paraître savans adoptent le *changement en l'air* dans un petit cercle, et par *renversement d'épaules et de hanches*, et qu'ils dédaignent le modeste *changement de deux tems sur la ligne droite*.

décider du pied gauche *en saisissant la foulée de la jambe droite de derrière.*

Et aussitôt après que son cheval a *repris* du pied gauche, la dame doit passer promptement sa bride dans la main droite et mettre son cheval *dans le pli* par la rêne gauche du bridon, avant de passer le premier coin (1).

Le changement de pied de *gauche à droite* se fera par les mêmes moyens d'exécution employés en sens inverse.

Que la ligne du *changement de main* soit parcourue, le cheval droit ou marchant de côté en *tenant des hanches, le changement de pied de deux tems,* se fera par les mêmes principes.

Changemens de pied d'un tems ou en l'air de droite à gauche.

La dame, en observant les mêmes principes de position et de *fixité d'assiette,* devra tenir son cheval bien *rassemblé et assis;*

---

(1) Une des premières causes de la difficulté des bons *changemens de pied* dans les manèges modernes, c'est que généralement ces manèges sont beaucoup trop petits. Il faut qu'il y ait au moins dix mètres de la *fin du changement de main au coin,* pour pouvoir mettre le cheval *droit d'épaules et de hanches* avant de passer ce coin, ce qui suppose un manège d'une longueur de quarante-sept mètres environ. Celui qui vient d'être reconstruit à grand frais, Chaussée-d'Antin, pour M. le vicomte d'Aure, est digne d'appeler l'attention des connaisseurs par ses belles dimensions et son architecture de bon goût. M. d'Aure, définitivement installé, ne veut rien négliger pour donner à cette école, *essentiellement française,* tout ce qui peut la rendre digne d'un public éclairé et de l'honorable préférence des dames de la société, qui sont déjà en grand nombre à ce nouvel établissement.

Lith. de Thierry frères.

Suite du Chap.e 22.

Reprise au Galop.

elle fera son arrêt de la bride à l'instant où la tête de son cheval sera placée *diagonalement au mur* ; dans cet arrêt, qui doit être plus ou moins prononcé, suivant la disposition du cheval, la rêne droite de la bride devra *faire opposition*, afin que les hanches ne *tombent pas à droite sur le mur*, ce qui ferait manquer le *changement en l'air* ; elle doit en même tems déterminer le *changement du pied* par l'*aide* où le léger coup de fouet derrière les sangles ; ce moyen suffira avec tout cheval dressé et bien disposé au *changement d'un tems ou en l'air*.

Pour rendre cette action plus énergique et par conséquent plus *déterminante* sur le cheval *froid aux aides*, il faudrait porter les épaules un peu sur la droite, mais avec beaucoup de réserve, afin d'éviter que les hanches *culbutent en dedans* et, par ce *renversement* dont j'ai signalé l'abus tout à l'heure, en ce qu'il surcharge la jambe de derrière qui fait point d'appui, qu'il force plus ou moins le cheval sur ses jarrets et qu'il peut le faire tomber sur son *arrière-main*.

Le changement en l'air de *gauche à droite* s'obtiendra par les mêmes moyens d'exécution employés en sens inverse, en observant toutefois que l'aide du fouet sera remplacée ici par le talon gauche.

Si on *tenait des hanches* dans ce même *changement de main*, il faudrait que l'action du *talon gauche et l'opposition de la rêne gauche de la bride* fussent plus *prononcées, afin d'éviter* que les hanches *tombassent sur le mur*, mais sans les *jeter en dedans*.

Pour qu'un *changement de pied*, soit *de deux tems*, soit *d'un tems*, ait la régularité imposée par le manège d'académie, il faut que le cheval conserve la *même cadence* avant et après le changement de pied, qu'il change sans effort, sans secousse, sans *se traverser*, et juste, sur le point déterminé par *la figure* et indiqué par une *lettre* ou tout autre signe sur le mur du manège ; il faut, en un mot, que le cheval ait des moyens, qu'il soit bien dressé et que l'écolière soit habile. Ces changemens peuvent s'exécuter hors du manège par les mêmes moyens, mais le cheval n'étant plus contenu par le mur, et n'ayant plus de *points de reconnaissance,* ils seront beaucoup plus difficiles et plus pénibles pour le cheval ; aussi je ne conseille pas de les exécuter, ou pour mieux dire, je les condamne, parce qu'en promenade, les chevaux doivent être *assis,* moins ralentis que dans le manège ; or, toutes les fois qu'on veut obtenir un changement de pied en l'air sur un cheval qui n'est pas assis on risque de le faire tomber.

CHAPITRE XXIII.

DE LA MARCHE DES DEUX PISTES.

Si j'ai éprouvé beaucoup de regrets de l'improbation des anciens écuyers lorsqu'à l'imitation de M. Pellier, qui était jeune alors, je propageais la nouvelle leçon du galop à gauche pour les dames, que de contradicteurs n'ai-je pas trouvé, quand, plus tard, je voulus encore que mes écolières apprissent à faire marcher leurs chevaux *sur les deux hanches ou de deux pistes*!

Je venais de faire construire mon premier manège rue de l'Arcade, il y a de cela vingt-cinq à vingt-six ans. Le manège de Versailles avait été réinstitué et mis sous la direction de M. le vicomte d'Abzac, dès les premières années de la Restauration, mais uniquement destiné à la Maison du Roi, ce manège n'avait aucun rapport avec ceux de Paris qui commençaient déjà à se faire par *entreprise industrielle*. Quant à l'École royale d'équitation de Paris, établissement soutenu à grands frais par le gouvernement et l'autorité municipale, elle ne pouvait manquer d'être supprimée, comme elle le fut en effet par suite de l'incapacité des commandans qui succédèrent à M. le marquis de Sourdis.

M. Lavard, le plus ancien des maîtres de manège de Paris alors, venait de mourir, de même que presque tous les écuyers et hommes de cheval qui avait été formés, comme lui, au manège de Versailles, avant la première révolution. A Saumur, autre école du gouvernement instituée pour l'instruction équestre de l'armée, M. le marquis de Chabannes, l'écuyer du plus haut mérite, l'écrivain le plus instruit comme le plus modeste, venait de quitter l'école, victime d'une coterie ignorante et jalouse. Il n'était pas encore question de M. d'Aure, à Paris, bien qu'il donnât déjà de grandes espérances, ni de quelques autres écuyers, formés comme lui, depuis environ vingt-cinq ans, au manège de Versailles. On ne connaissait pas non plus plusieurs autres élèves de M. le vicomte d'Abzac, tels que MM. Boutard, Bellanger, Bergeret, Buchette, etc. qui sont aujourd'hui employés comme écuyers dans les manèges publics, ou qui tiennent des établissemens particuliers, hommes que je ne place pas précisément sur la même ligne, mais au talent desquels je me plais à rendre justice.

A l'époque dont je parle, les partisans des courses et de tout ce *système d'intérêts anglais* semaient les tristes fruits que nous avons récoltés plus tard et dont plusieurs publicistes ont révélé toute l'amertume; c'est-à-dire la ruine des éleveurs de chevaux indigènes, la dépréciation de ces chevaux au profit des éleveurs de l'Angleterre, l'anéantissement de nos plus belles races, et, par conséquent, l'obligation pour nous de devenir tributaires de l'étranger pour remonter notre cavalerie.

Déjà on jetait le ridicule sur l'équitation française, sur les écuyers qui osaient se montrer à la promenade *avec des bottes de gendarmes et des housses rouges.* Qu'est-il résulté de toutes ces clameurs anti-nationales qui s'en prennent d'abord aux vêtemens avant de s'en prendre aux hommes et aux institutions? C'est que, peu à peu et à mesure que les généraux et les officiers de l'armée qui avaient été formés au manège de Versailles, sous le règne de Louis XVI et de la République, et à celui de Saint-Germain, sous l'Empire, à mesure, dis-je, que ces officiers ont payé le grand tribut, l'indifférence pour l'art de l'équitation est devenue plus générale. Alors on a cessé de considérer comme chose obligatoire qu'un officier de cavalerie sût monter à cheval *par principes,* quand les coteries influentes (*et les coteries et les épidémies sont de tous les tems*), qui pouvaient décider ou empêcher son avancement, ne lui demandaient que de savoir *trotter à l'anglaise.* Les guerres finies pour long-tems, on ne vit pas grand inconvénient à ce que notre cavalerie devînt moins redoutable à mesure qu'elle devenait plus anglomane. Mais je voudrais savoir si, dans le cas d'une guerre avec nos bons amis les Anglais, ils nous tiendraient compte du mépris que nous avons montré pour notre équitation française, en même tems que nous avons dressé des autels à leurs jokeys. Je voudrais savoir si, le dragon anglais *bien assis à la française* sur son formidable *war-horse*, frapperait moins dru sur le cuirassier français qui se donnerait les airs d'un jokey de *Newmarket* sur un *pur sang* ou *une sardine,* comme nous en remarquons tous les jours dans les régimens depuis que le *sang* est tout, et que le sens commun est si cruellement outragé dans la question de nos intérêts nationaux (1). Je ne prétends pas dire que les Anglais

_____

(1) Comment peut-il se faire que dans tant d'écrits où il est dit quelques vé-

soient inaccessibles à la générosité, cependant je ne voudrais pas risquer de la mettre à une épreuve aussi sérieuse.

Mais, me voilà bien loin de ma *leçon de deux pistes*; je vais y revenir à l'instant.

A cette époque, dis-je, tous les *donneurs de genre* qui avaient été passer quelques semaines en Angleterre, ou qui avaient des parens ou amis qui avaient fait ce voyage d'outre-mer, répétaient et imprimaient : « *que le manège à la française ruinait les chevaux, qu'il était absurde de les faire marcher de côté, parce qu'on ne va pas à la chasse en tenant des hanches ; qu'on devait suivre la méthode anglaise pour dresser les chevaux, c'est-à-dire, de les laisser marcher naturellement droit devant eux, seul moyen de conserver leur vîtesse*, etc., etc. »

Et qu'on ne croie pas que toutes ces belles théories furent sans portée; voici une preuve du contraire : Je venais d'être nommé *Ecuyer professeur de l'Ecole royale d'application, pour les officiers d'état-major;* je vis le moment où il me serait im-

---

rités sur *la reproduction, l'amélioration, le perfectionnement des espèces chevalines*, avantages que nous pourrions espérer dans une douzaine d'années, si le gouvernement voulait suivre les conseils si opposés que chaque système lui donne tous les jours, on ne dise pas un seul mot sur *la conservation des chevaux de troupe que nous possédons aujourd'hui? Conservation*, et je dirai *amélioration* qui tient essentiellement à la manière dont ces chevaux sont dressés étant encore *poulains ;* à la bonne position des cavaliers qui les montent quand ils sont *mis en service, et à un bon système d'équipement,* c'est-à-dire de selles sur lesquelles il y ait possibilité de pouvoir se tenir, et des mors dont les branches ne soient pas d'une longueur telle, qu'à moins d'avoir la finesse de main de l'écuyer consommé, le cavalier qui s'en sert ne peut que briser les jarrets de son cheval, soit en l'arrêtant dans sa course, soit en le dirigeant à droite et à gauche. Peut-être que si ces importantes questions étaient soumises à ceux qui ont le pouvoir de les décider par l'intermédiaire d'une femme d'esprit, qu'ils la prendraient en considération ; et alors je m'applaudirais si j'avais eu l'honneur d'y avoir donné lieu par cette innocente note.

posé de bannir la *marche de deux pistes* de la leçon des élèves; ce ne fut qu'avec le concours du capitaine d'instruction, M. de la Rouvière, que je dus faire comprendre à ceux qui prétendaient déjà *réformer l'équitation française*, que, pour les cavaliers aussi bien que pour les chevaux, *la marche de deux pistes* est la conséquence nécessaire de la *connaissance des jambes*.

C'est avec tant d'élémens d'opposition, et je pourrais dire de ruine, que je luttai à peu près seul contre *la coterie anglomane*, en continuant de dresser les chevaux et les hommes à la marche de deux pistes; je fis plus, j'exerçai les dames à cette leçon ainsi qu'à d'autres *airs de manège*, ce qui acheva de me donner la réputation d'un *véritable éteignoir*. Je perdis beaucoup d'élèves avec l'École d'application, et j'aurais été infailliblement ruiné sans la protection de plusieurs amateurs distingués, qui crurent devoir encourager les efforts que je faisais pour conserver les traditions de l'équitation française (1).

J'étais loin de penser que vingt-six ans plus tard, la marche sur les hanches ou de deux pistes ferait fureur; que l'on appellerait cela *de la haute école, et qu'on ferait de la haute école au galop* avec des élèves qui commencent à apprendre à monter à cheval à 45 ans, qui pèsent 125 kil. sur de malheureux chevaux qui ne tiennent pas sur jambes!

_____

(1) Au nombre des amateurs d'équitation et de chevaux qui voulurent bien s'intéresser le plus vivement à mon manège et à moi, étaient M. le baron Pasquier, M. le comte Molé et M. le comte Chabrol de Volvic, préfet de la Seine. J'ai conservé les honorables apostilles des deux premiers, lorsqu'il fut question de me nommer *Commandant en second de l'École royale d'Équitation de Paris*, et je crois pouvoir assurer que si j'avais été appelé à cet emploi, l'École royale existerait encore aujourd'hui, et serait digne du rang qu'elle devrait occuper parmi les institutions royales.

J'opposerai, en 1842, comme je l'ai fait en 1817, à ceux qui prétendent que la *leçon de deux pistes* est inutile pour les hommes et encore plus inutile pour les femmes, que si le cheval se refuse à tourner à l'une où l'autre main, en *opposant les hanches aux épaules*, il n'y a aucun moyen de le redresser s'il ne répond pas à la jambe gauche ou au fouet, qui remplace la droite en selle de femme. Or, comme une femme n'est jamais si mal à son aise et si fort en danger de tomber, que quand son cheval *se traverse*, avec l'impossibilité pour elle de le *redresser*, *il est incontestable que le cheval dressé à son usage doit connaître les hanches* (Voy. *T. R.*, chap. XLIX).

Pour enseigner aux dames à faire marcher leurs chevaux de *deux pistes*, on doit commencer par la leçon de la *tête au mur*, et finir par celle de l'*épaule en dedans* Pl. XII, mais seulement au pas, car il est rare que les dames prennent assez de leçons pour arriver à leur faire *tenir des hanches* au trot et au galop.

N'oublions pas surtout cet ancien principe de manège, qui s'applique à la leçon des dames aussi bien qu'à celle des hommes : *Avant de faire marcher ses chevaux de deux pistes, il faut apprendre à les faire marcher droit sur une seule piste.* Et cet autre principe non moins bon : *Ceux qui, sans une position régulière et sans accord dans les aides, veulent mener leurs chevaux de deux pistes, ne font que les mettre de travers et se rendent ridicules par leur prétention au savoir.*

C'est à l'écuyer judicieux à ne pas oublier qu'en équitation, comme en tout, *du sublime à la farce, il n'y a souvent qu'un pas.*

Chap.^e 24.

De la leçon de deux pistes.

L'épaule et la Croupe au mur.

lith. de Thierry frères.

lith de Thierry frères

Chap: 24.

Cheval de femme régulièrement équipé.

Rênes de la bride montées à la française avec bouton et passant coulant; Bridon court à la française avec boucle d'ajustage; Collier et Martingale. On peut avec certains chevaux se passer de Croupière; elle est indispensable

CHAPITRE XXIV.

QUELQUES OBSERVATIONS SUR L'ÉQUIPEMENT DU CHEVAL DE FEMME (PL. XIII):

De la Selle.

Il est important de n'employer que des selles de femme parfaitement bien faites et solidement établies. Celles dont *le
siége* est grand, plat et bien de niveau avec la base de la fourche, sont certainement les meilleures, surtout pour les personnes grandes et fortes, car rien n'est gênant comme un
siége trop petit.

Comme il ne manque pas de très-bons selliers à Paris, j'in-
diquerai seulement ici ceux que je connais depuis long-tems
pour fournir dans les manèges, et qui ont été plus à même
de perfectionner leurs selles de femme sur les observations
des écuyers. Ce sont MM. Brune, Lucot, Honaker, Genret,
Theurkauff, etc.

Je me bornerai seulement à quelques observations sur la
manière la plus sûre d'équiper un cheval de femme.

J'ai déjà dit que la mode avait banni la croupière et je ne

veux plus avoir rien à démêler avec la capricieuse déesse à ce sujet. Quand on veut se passer de cette partie de l'équipement, chose qui n'est possible qu'avec certains chevaux anglais auxquels on donne souvent la préférence sur de très-bons chevaux français, que par la seule et unique raison qu'ils *tiennent mieux la selle*, il faut avoir un *tapis* ou *carré* de panne de laine.

Ce *carré* doit avoir sa sangle et s'ajuste au *point*, avant de poser la selle par dessus. Quand il est bien fait, il la maintient à sa place et l'empêche de venir en avant presque aussi bien que la croupière ; il doit être doublé en flanelle ; quand il est doublé en panne il tient mieux, mais il use le poil et blesse le cheval. Ce *carré à sangle* est une des meilleures inventions modernes ; dire si elle est française ou anglaise, c'est ce que je ne saurais affirmer, mais fût-elle d'un sellier de Paris, je pense que son origine devrait trouver grâce en raison de son utilité.

Depuis quelques années on a imaginé d'ajouter une nouvelle pièce à la selle de femme. Cette pièce qui pose sur la partie antérieure de la cuisse gauche m'a paru consolider beaucoup l'assiette, mais n'ayant plus été à même d'en étudier tous les effets, je ne saurais dire si cette invention est bonne ou mauvaise, d'autant que plusieurs écuyers que j'ai consultés à ce sujet, n'ont pas été du même avis ; les uns l'approuvant et les autres la regardant comme dangereuse.

Du Mors.

De tout l'équipement, c'est le mors qui en est la partie la plus importante (Voy. *T. R.*, chap. XXIV). Tout en ayant égard à *la finesse de bouche* qui doit être une des premières qualités d'un cheval de femme, il faut cependant que ce cheval soit *embouché avec un peu de tenue* ; c'est-à-dire avec une *gorge de pigeon* plus ou moins *talonnée* avec *branches*, plutôt longues que trop courtes, parce que les femmes n'ayant généralement que très-peu de force dans la main, le mors doit y suppléer par une plus grande puissance de lévier.

Il faut surtout ne joindre au mors qu'un *bridon de trois pièces* et non *de deux pièces*, par la raison que le premier se contourne sur la *liberté de langue* et qu'il est plus doux dans la bouche du cheval, tandis que le second fait un angle aigu qui gêne ou blesse le palais si la gourmette est serrée (Voy. *T. R.*, chap. XXIV et pl. XIII du même ouvrage). Il ne faut pas oublier non plus la *fausse chaînette* (beaucoup disent à tort, *fausse gourmette*), afin que le cheval ne puisse chercher à *prendre la branche*, défaut qui le rend désagréable et *faux dans la main*.

Le bridon de trois pièces est d'invention anglaise ; on le nommait *bridon de course* dans le 16e siècle. Aujourd'hui la mode n'admet que le bridon de deux pièces que l'on appelle à tort *bridon anglais,* et elle rejette celui de trois pièces comme *bridon français.*

Les mors anglais ou faits d'après modèles anglais dont l'embouchure beaucoup trop étroite est en *pied de chat,* et dont la branche est à *bascule,* sont à rejeter pour une infinité de raisons que j'ai déduites (Voy. *T. R.*, chap. XXIV).*

Ce sont particulièrement les chevaux de femme qui doivent être *embouchés* exprès par un bon éperonnier et d'après les indications qui lui sont données par l'écuyer qui a dressé le cheval.

De la Martingale et du Collier.

Je voudrais aussi que le cheval de femme eût toujours une *martingale de rappel* (Voy. *T. R.*, chap. XXVIII), bien qu'il pût s'en passer ; d'abord, parce que cette martingale offre plus de sûreté, et ensuite, parce qu'elle nécessite l'usage du *collier ;*

et je tiens essentiellement à un collier en ce qu'il peut devenir du plus grand secours dans un moment critique. Si, déplacée par un saut ou contre-tems inattendu, une femme se trouvait en danger de tomber, elle pourrait saisir le collier de la main droite et s'en faire un point d'appui pour rétablir son équilibre, elle pourrait le saisir également dans le cas où son cheval viendrait à l'emporter au grand galop. Ce collier est beaucoup plus facile à saisir que les crins, étant précisément sous la main ; portant sur une partie peu sensible de l'animal, on peut tirer dessus de toute sa force, sans jamais exciter le cheval à se *cabrer* et à se *renverser*, comme le font souvent les rênes, quand, dans les mêmes circonstances, on *s'attache à la main.*

Des Rênes de la Bride et de celles du Bridon.

Je tiens, surtout dans l'équipement du cheval de femme, à ce que les rênes de la bride soient d'une juste longueur et assemblées par un bouton et un *coulant* de même que les brides à la française, ce qui les rend bien plus faciles à tenir égales, et *à ajuster* (Voy. *T. R.*, chap. XIV).

Je conseille encore, au lieu de ces rênes de bridon *à l'anglaise*, que leur longueur, largeur et épaisseur bien inutiles, rendent impossibles à tenir par de petites mains, de les choisir peu épaisses et montées à la *française* (courtes et susceptibles de s'ajuster par une boucle), afin de pouvoir être tenues par le milieu au besoin, ce qui permet encore d'aider à rétablir l'assiette en prenant un point d'appui sur ces rênes de bridon (Voy. *T. R.*, chap. XLVII). Et comme je l'ai dit ailleurs, il ne faut qu'un fil saisi à propos pour rétablir l'équilibre, mais il faut que ce fil présente quelque fixité et ne soit point d'une longueur qui en rende la tension trop tardive.

CHAPITRE XXV.

LEÇON POUR APPRENDRE A RENFORCER L'ACTION DE LA MAIN GAUCHE, EN Y AJOUTANT CELLE DE LA MAIN DROITE.

L'écuyer qui enseigne aux dames, quand il comprend bien sa mission, doit chercher à les mettre en état de se passer de lui sans danger, après bien entendu qu'elles ont pris leçon pendant le tems nécessaire, et en leur supposant des chevaux bien dressés à leur usage. Il faut admettre encore qu'elles pourront rencontrer des chevaux qui, sans être *méchans ni vicieux*, n'en seront pas moins difficiles à conduire pour elles, surtout si elles n'en ont jamais monté que de très-agréables et sortant des mains d'un bon écuyer, ce qui devrait toujours être, mais enfin ce qui n'est que très-rarement.

J'ai déjà parlé de l'abus de chercher à inspirer aux écolières une hardiesse qui peut tourner en une aveugle témérité. Il est un vice de leçon qu'il faut également éviter, c'est d'indiquer à tous propos certaines règles qui, pour être excellentes dans beaucoup d'occasions, deviennent fausses et même dangereuses à suivre dans d'autres. C'est, en un mot, de donner la règle sans parler de l'exception. Ainsi, par exemple, quand une écolière n'a jamais monté que des chevaux de manège, plus disposés à s'arrêter qu'à gagner de vîtesse, et dont la bouche est *fine* et *sensible*, elle comprend parfaitement, comme on le lui a souvent répété, *qu'il faut avoir la main légère, qu'on ne doit jamais mettre de force dans la main, que la force de la main, est inutile et même nuisible, que plus vous tirez sur les rênes, moins vous arrêtez votre cheval*, etc. Oui, sans doute, tant que le cheval a la bouche bonne et qu'il n'oppose pas de résistance à l'arrêt; mais, tout en reconnaissant que la main ne doit jamais être *dure*, ce serait une grande erreur de croire qu'elle ne doive pas agir quelquefois avec une certaine force; et, faute d'employer cette force, une femme pourrait être indéfiniment emportée au galop par un cheval qui, sans être vicieux, aurait la bouche moins sensible que tous ceux qu'elle aurait montés jusqu'alors. La même chose arriverait avec celui qui serait *sur les épaules*, où seulement habitué à n'aller qu'aux grandes allures ; or, comme rien n'est si effrayant que de voir une femme emportée par son cheval, je dis qu'il convient de lui donner des leçons qui la préparent à employer la force que le besoin peut exiger, bien loin de lui répéter *qu'il ne faut jamais mettre de force dans la main*.

Et comme généralement les femmes n'ont que très-peu de force dans les bras et dans les poignets, il est bien rare qu'elles puissent arrêter le galop d'un cheval qui a de l'ardeur, peu ou point de sensibilité de bouche, avec une seule main.

Pour suppléer à ce manque de force et augmenter de beaucoup l'action de la main gauche de la bride, voilà l'exercice que je fais faire à mes écolières, sur des chevaux dont j'en-

Chap.e 25.

Position pour renforcer l'action de la main de la bride en y ajoutant celle de la main du bridon.

lith de Thierry frères.

durcis momentanément la bouche en *décrochant* la gourmette:

Tout en faisant conserver le bridon de la main droite, je fais poser cette même main, les doigts ouverts devant la main gauche, bien collée dessus, et de manière à former avec le petit doigt un angle saillant sur les rênes de la bride et tout près du petit doigt de la main gauche. En faisant ainsi marquer l'arrêt par les deux mains, au lieu d'une seule, et surtout par la *retraite du corps* (*en arrière dans cette occasion seulement*), les épaules bien abaissées, la ceinture soutenue, l'assiette immobile, les doigts bien fermés, la force d'une femme est plus que doublée, et ses mains ainsi rapprochées et unies au centre de gravité, lui donnent une bien plus grande stabilité d'assiette pour résister à un cheval lancé au grand galop. Pl. XIV (1).

On m'a déjà dit que je poussais bien loin la prévoyance, et qu'une femme accompagnée par un écuyer, ne pouvait jamais être emportée par son cheval. Je suis bien de cet avis, mais je réponds, pour la centième fois, qu'il faut aussi qu'une femme puisse se passer d'un *écuyer-obligé*. Or, il arrive journellement à la promenade, que beaucoup de cavaliers se trouvent réunis dans un *tems de galop* ; il arrive encore assez souvent que l'amateur qui accompagne une dame, loin de pouvoir l'aider à maîtriser son cheval, est lui-même emporté beaucoup

---

(1) J'ai fait faire une *romaine* à laquelle je fixe des rênes pour reconnaître exactement ce que l'exercice bien entendu peut ajouter aux forces naturelles des bras et des poignets. On peut savoir également combien tel ou tel arrêt tire de pesanteur. On reconnaît aussi, d'une manière incontestable, qu'en formant l'*arrêt* suivant *mon système de la retraite du corps*, on tire une pesanteur bien plus considérable, bien plus durable et bien plus assurée, que quand on le fait par la seule action du bras ou du poignet, preuve irrécusable de l'avantage de ce système.

plus vite qu'il ne le veut par le sien, et qu'il excite d'autant le cheval de femme ; c'est alors que l'on reconnaît tout l'avantage de ces leçons de prévoyance que je recommande aux jeunes écuyers, quand bien même les écolières n'auraient jamais occasion de les mettre en pratique, et en me fondant sur cet adage connu : *qui peut plus, peut moins.*

Pl. 15.

Chap: 26.

Position des mains et tenue des rênes.

1re Position: piste et pli à droite.

2e Position; piste et pli à gauche

Dans la Leçon élémentaire, l'Écolière conduit son cheval par
la main de la bride, sans tenir le bridon et sans donner le pli.

CHAPITRE XXVI.

DIFFÉRENTES MANIÈRES DE TENIR LES RÊNES SELON LA BONNE ÉQUITATION.

Une des choses les plus importantes de l'équitation est, sans contredit, *la tenue des rênes* et leur action sur la bouche du cheval (Voy. *T'. R.*, chap. XIV).

Autant celle indiquée par l'équitation d'académie, comme par les *ordonnances de cavalerie*, est à la fois facile, sûre, naturelle et gracieuse (Pl. XV et XVI), autant la manière de confondre bride et bridon dans la même main , et suivant les variantes qu'invente chaque nouveau professeur, est compliquée, fausse, disgracieuse et nulle. Est-il rien de plus gauche que d'embarrasser une main de quatre rênes, tandis qu'on ne sait que faire de l'autre, si ce n'est de tenir un bâton en l'air comme un cierge ?

Je ne crois pas inutile de rappeler ici l'origine de cette tenue de rênes :

Il y a environ trente ans, quand il était de rigueur parmi les *donneurs de genre* d'alors, de mettre la selle presque sur la croupe du cheval (ce que l'on appelait *seller à l'anglaise*), on voulut, en se fondant sur l'usage anglais, que les domestiques eussent une manière toute particulière de se tenir à cheval. Il fut convenu que les *jokeys de bon air*, suivraient leurs maîtres en tenant les quatre rênes de bride et de bridon dans la main gauche, se réservant la droite pour porter un fouet de chasse ; ils devaient, de plus, avoir les jambes *plaquées* et immobiles au corps du cheval et les pieds tournés en dedans. Le maître, pour établir entre lui et son domestique *une nuance bien tranchée* (comme on dirait aujourd'hui), ne rougissait pas alors de tenir sa bride, comme un écuyer ou comme un officier de la grande armée ; mais il tenait ses jambes tendues avec ses pieds bien en dehors vers les épaules de son cheval, ce qui était le beau idéal de la difficulté vaincue, quand la selle était placée vers la croupe (1).

Ce qu'il y a de curieux, c'est que cette manière de tenir les rênes imposée aux domestiques par un caprice assez bizarre des maîtres, il y a plus de trente ans, est regardée aujourd'hui par beaucoup de jeunes gens qui sont loin d'en soupçonner l'origine, comme celle du meilleur goût, comme celle qui ne

---

(1) Aujourd'hui, *autre tems, autres mœurs !* Plusieurs amateurs modernes se mettent à la torture par les moyens tout-à-fait opposés. Ils reculent leurs genoux sous les hanches, ce qui les place l'assiette en l'air avec le corps en avant, les jambes très en arrière, l'étrier très-court, la pointe du pied haute et en dehors, et les éperons dirigés vers les flancs ; ainsi torturés, ils tirent constamment sur les rênes de la bride, en mettant la main sur la hanche gauche. Cela s'appelle aujourd'hui *être près de son cheval pour vaincre des résistances*. Je comprends que le cheval de la meilleure nature, monté par un cavalier placé de la sorte, doit opposer des résistances. Dans tous les tems, il y a eu des cavaliers qui ont affecté cette mauvaise position qui est la caricature de la manière allemande ; on appelait cela *être à cheval en pigeon à la crapaudine*, il n'y a que le nom de changé.

Position des mains et tenue des rênes.
3.e Position. le bridon séparé.
Les rênes de la bride au bouton, le pli à droite.

Lith. Thierry frères.

4.e Position ou la main au repos.

compromet pas l'élégance du gant glacé. Un jeune collégien qui a pris quelques leçons de manège, et qui a par conséquent une idée *de la position de la main et de la tenue des rênes*, rencontre-t-il à la promenade un *donneur de genre* de sa connaissance ; aussitôt ce dernier lui fait observer *que rien n'est plus rococo que de tenir ses rênes comme un écuyer* (si c'était comme un tailleur ou comme un coiffeur, passe encore !) Alors, quand le collégien retourne au manège pour y épuiser quelques cachets qui lui restent, il dit au professeur, qu'il ne veut plus tenir ses rênes comme ce dernier le lui a enseigné, parce que ses amis qui montent des chevaux *de pur sang*, de 5 et 6,000 fr., se sont moqués de lui. Et puis, comme il arrive quelquefois que le propriétaire du manège est un *industriel*, qui tient plus à conserver la pratique qu'à conserver les principes de l'équitation, dont il n'a jamais entendu parler, il n'est pas rare d'en voir qui enseignent aux dames *la tenue des rênes des jokeys*.

Si je suis entré dans ces détails *equito-historiques*, c'est pour avertir les dames qui voudraient monter à cheval suivant les principes de l'équitation, c'est-à-dire avec le plus de grâce, d'agrément et de sûreté possible, d'être en garde contre les perfectionnemens des *donneurs de genre*, passés, présens et futurs.

CHAPITRE XXVII.

DE LA BONNE MANIÈRE DE TROTTER A L'ANGLAISE.

Explication du Tems pris juste et du Tems pris à faux.

———————

Je ne suis pas aussi exclusif que plusieurs écuyers qui ne veulent pas entendre parler de cette manière d'adoucir les réactions d'un cheval dur, ce que l'on appelle *trotter à l'anglaise*. Moi, je la trouve très-commode et même assez gracieuse, si, par un mouvement très-peu sensible, on sait éviter la secousse que l'assiette reçoit en retombant sur la selle, quand la grande dureté du trot la force à s'en détacher plus ou moins. Cette manière de trotter, ou pour mieux dire, de supporter sans se fatiguer le grand trot d'un cheval extrêmement dur, comme sont beaucoup de très-bons chevaux anglais, ne peut convenir aux femmes que si elles prennent *le tems juste*, sans que l'assiette se sépare de la selle, sans porter le corps à gauche, sans arrondir les épaules, et par la seule tension du jarret, la jambe gauche placée un peu en avant. Si les deux mains placées à la française, la bride dans la gauche et le bridon dans la droite, sont plus justes et plus sûres pour mener des chevaux entreprenans au galop, c'est un contre-sens de les tenir ainsi quand on trotte à l'anglaise, parce qu'elles ne s'harmonisent plus avec le reste de la position qui doit être moins sévèrement régulière que celle exigée pour les reprises de manège.

Pour trotter à l'anglaise, il faut placer la bride dans la main droite, le fouet la pointe en l'air et dirigée sur l'oreille gauche du cheval. La main gauche doit rester libre sans tenir le bridon. Je sais qu'il y a de bons cavaliers qui, pour trotter à l'anglaise, ne se servent que du bridon afin que le cheval prenne un point d'appui sur ce bridon et gagne plus de vitesse. Ce moyen est bon pour faire une course au trot, mais plus le cheval *prend d'appui* sur la main, plus il risque de broncher et de s'abattre, au lieu que, ne dépassant pas un certain degré de vitesse, et *léger à la main* par la seule action du mors, il est bien plus sûr et bien plus agréable pour une dame. La main gauche doit faire un petit mouvement qui est très-gracieux quand il s'accorde bien avec le *tems pris sur l'étrier*.

Je veux que la bride soit tenue de la main droite et non de la main gauche, parce qu'alors l'épaule gauche peut se reculer un peu sans donner mauvaise grâce à la position (1), et que, par suite de ce reculement de l'épaule, *le tems d'enlever* se fait sans effort aidé par ce petit mouvement du bras gauche dont je

(1) Je vais au devant de cette objection : Vous avez recommandé de chercher à aligner l'épaule gauche avec la droite, et voilà que vous dites ici de la reculer : sans doute, parce qu'ici il y a *exception* et non *règle*.

viens de parler, et qui facilite beaucoup le tems pris sur l'étrier.

Remarquez que, quand une femme trotte à l'anglaise avec la bride dans la main gauche, le corps se porte naturellement sur la gauche, et dans cette position, presque toujours le *tems sur l'étrier* se fait mal; il est pénible pour celle qui le fait et disgracieux à la vue de ceux qui le lui voient faire.

Pour bien trotter à l'anglaise, il faut encore que le cheval soit suffisamment allongé dans son train, et qu'il ne soit pas trop rassemblé. Vouloir aller de cette manière sur un cheval qui *n'a point de train*, ou qui piaffe sur place, est le comble du ridicule.

Si le cheval interrompt la régularité de son trot, *s'il se traverse* et devient plus difficile à conduire, s'il s'arrête par frayeur, etc., dans ce cas on n'a qu'un très-petit mouvement à faire pour passer la bride dans la main gauche et le bridon dans la droite, *à la première position*, et l'on cesse de prendre le *tems sur l'étrier*, jusqu'à ce que le cheval se soit remis au trot convenable; une fois bien rétabli dans son juste train, on reprend la bride de la main droite ainsi que *le tems sur l'étrier*.

Il y a un principe très-simple pour qu'une femme trotte à l'anglaise, avec grâce et sans effort; assez souvent les écolières l'observent d'elles-mêmes sans qu'il leur soit indiqué par le maître, et dès-lors, elles prennent le *tems* avec une grande facilité, dès la première fois qu'elles s'essaient au trot à l'anglaise, mais souvent aussi, ne devinant pas ce secret, elles se fatiguent à l'excès par les faux mouvemens qu'elles se donnent pour prendre ce *tems*, et ne le prennent qu'à *faux*, et cela pour toujours.

Ce secret, le voilà : Pour bien marquer le *tems* par la tension du jarret sur l'étrier qui se trouve à gauche, *il faut in-*

Chap.^e 27.

Du trot à l'Anglaise.

Deux Dames prenant le tems juste; celle du dernier plan prenant le tems à faux!

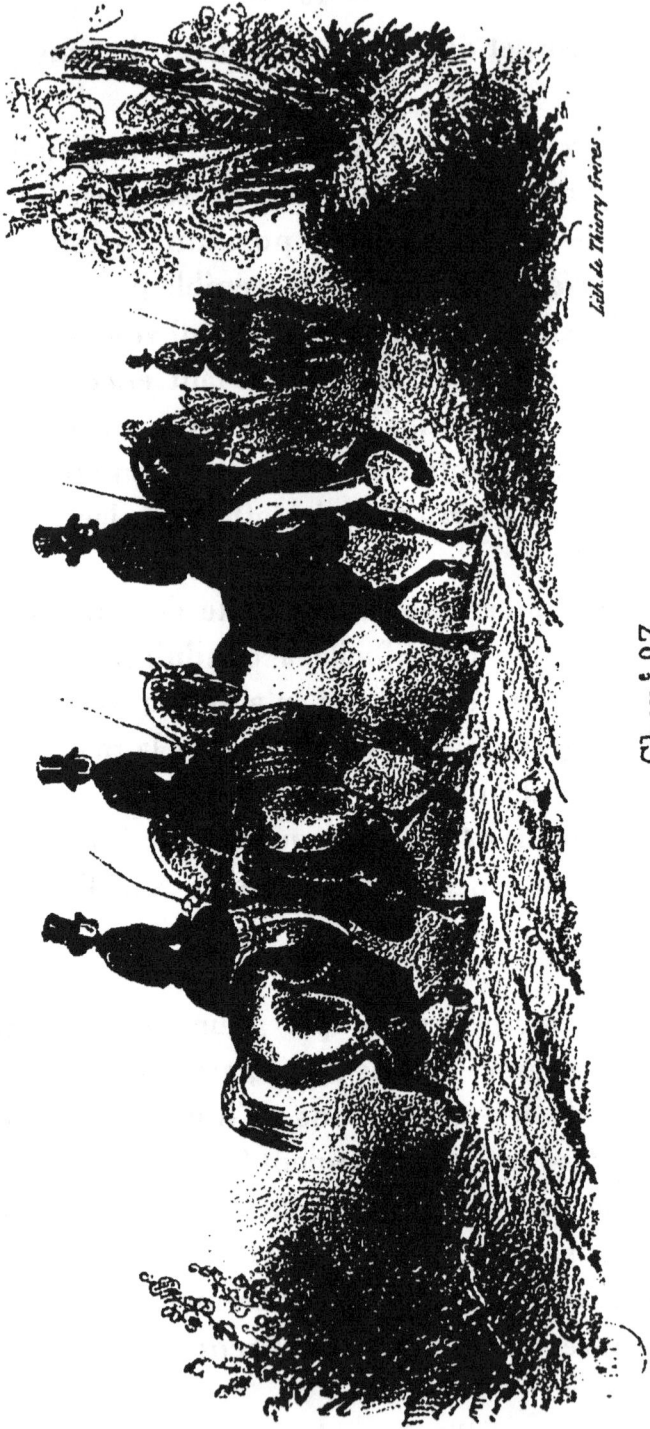

Lith de Thierry Frères.

cliner le haut du corps sur la droite, de manière à diriger l'é-
paule gauche vis-à-vis de l'encolure du cheval ; et comme en
selle de femme, l'assiette tend toujours à se porter à gauche,
il en résulte que le mouvement que vous avez fait à droite,
étant contre-balancé par cette tendance à gauche que je viens
d'indiquer, vous ne vous enlevez que juste au-dessus du milieu de la selle et non sur la droite.

Mais, comme je viens de le dire, ce principe très-simple,
qui devrait être expliqué et indiqué comme *le seul et unique
moyen de prendre le tems juste*, on n'en parle pas plus aux écolières que de beaucoup d'autres principes d'expérience et de
tradition, parce qu'il est peu de professeurs qui aient eux-
mêmes des principes, des traditions et de l'expérience.
Aussi, voyez-vous quantité de femmes ayant l'habitude du
cheval, se donner beaucoup de peine et encore plus mauvaise
grâce en trottant à l'anglaise, car, à chaque *tems sur l'étrier*,
elles ne sont plus *au-dessus du cheval*, mais bien *à côté du
cheval*.

Pour reconnaître tout de suite ce vice de position et ce
contre-sens de mouvement, il faut se placer vis-à-vis de la dame
qui vient à vous, ou bien se mettre derrière elle ; c'est alors
que vous voyez le corps se détacher totalement du côté
gauche, et le siége de la selle qui est un tems vide, ce qui
donne un ensemble du plus désagréable effet. J'ai fait faire
cette remarque assez souvent à des amateurs plus enthousiastes
que connaisseurs, qui me citaient telle ou telle dame ayant la
réputation de trotter à l'anglaise, dans la plus grande perfection. Après les avoir fait placer comme je viens de le dire, ils
ne manquaient jamais de reconnaître leur erreur et de faire
cette juste réflexion : *si l'étrivière cassait, la dame tomberait
le visage à terre !* Pl. **XVII**.

Si je me suis étendu longuement sur la manière de trotter à

l'anglaise, ce n'est certainement pas que je préfère pour les dames le grand trot au petit galop, bien au contraire, je voudrais que, comme autrefois, elles n'allassent jamais au trot, excepté sur des chevaux d'Espagne, Navarrins, Limousins, parce que le trot de ces chevaux est plus doux, plus cadencé et plus agréable que le galop de beaucoup de chevaux anglais. Le trot, et surtout le grand trot, ne peut jamais procurer aux dames, ni beaucoup de grâce ni beaucoup d'agrément ; souvent il peut déterminer chez elles de graves maladies, et cette opinion, je la tiens de plusieurs médecins.

Il faut dire encore, qu'un cheval de femme, très-bien dressé à tenir long-tems le petit galop cadencé, a bientôt perdu cette allure, si on le met au *trot forcé, à fond de train* (comme disent quelques-uns); il n'est pas moins absurde de prétendre qu'un cheval continuellement forcé au trot, et par conséquent *sur les épaules*, puisse passer de cette allure au *petit galop* bien uni, bien cadencé et indéfiniment prolongé.

En disant, au commencement de ce chapitre, que je trouvais la manière de trotter à l'anglaise, très-commode et très-gracieuse, je suis encore bien loin de l'admettre pour toutes les femmes indistinctement; elle ne peut convenir qu'aux personnes très-minces et très-légères, leur poids n'étant pas assez considérable pour faire tourner la selle à gauche; tandis que les femmes grandes et fortes ne manquent jamais de la déplacer et de blesser les chevaux, quelque soin que l'on prenne de serrer les sangles.

CHAPITRE XXVIII.

DES EXERCICES DE DÉVELOPPEMENT.

Si j'avais à proposer quelques innovations dans la leçon
équestre des dames, je conseillerais de les exercer à ces mouvemens gracieux, que l'on peut facilement communiquer aux
bras et aux mains par des *tems de développemens* empruntés à
l'art de l'escrime (1), en faisant observer que ces mouvemens
doivent toujours se faire sans déplacer la base ou assiette, qui
doit à cheval rester toujours fixe et immobile.

---

(1) Avant la première révolution, beaucoup de jeunes personnes de la noblesse
apprenaient à faire des armes, sous un maître qui réunissait au talent de sa profession, les excellentes manières d'un homme du monde. Ce maître, qui se nommait Donnadieu, avait déjà rendu ce nom célèbre avant que le général Donnadieu
l'eût rendu plus célèbre encore. C'est un excellent exercice de développement
que l'escrime, et qui donne une grande facilité pour l'équitation. Aujourd'hui la

Les courses de bague sont assez amusantes et procurent de l'adresse et de l'aisance à cheval. J'ai fait faire aussi quelquefois à mes écolières l'exercice de la lance. Je suis loin de dire que ce soit chose obligatoire dans l'instruction équestre des dames, mais je puis assurer, par expérience, qu'il leur procure beaucoup plus d'aisance, de grâce et de décision à cheval, que celui qui consiste à franchir des barrières et des fossés : et j'assure avec plus de certitude encore, qu'il n'a pas les dangers de ce dernier.

---

mode est de faire nager les jeunes personnes dans des sacs de cuir, et de les exercer aux manœuvres périlleuses des pompiers ; je ne conteste pas l'utilité de ces exercices, si on se trouve dans une maison incendiée ou dans un bateau qui chavire, mais je crois que, pour donner de la grâce dans les poses et dans les mouvemens, l'escrime et la danse sont préférables.

CHAPITRE XXIX.

DE LA MANIÈRE D'ACCOMPAGNER UNE DAME EN LUI DONNANT LEÇON, SOIT AU MANÈGE, SOIT A LA PROMENADE.

Celui qui compte assez sur son savoir pour accompagner une écolière, avec le premier cheval venu, *un cheval de dressage*, qui ne sait pas marcher ou qui se défend, pourra dire qu'il l'a vu faire à d'autres, sans qu'il en soit rien résulté de fâcheux, mais il ne fera pas preuve de prudence ; et si la prudence est parfois bien exigeante, il ne faut pas oublier qu'elle est la mère de sûreté, celui là n'a droit à aucune confiance. Je dis qu'un cheval est propre à accompagner, quand il est bien dressé d'abord, qu'il n'est ni trop ardent ni ombrageux, et qu'il se tient facilement à la distance voulue du cheval de femme ; que dehors il est aguerri à la vue et au bruit de tous les objets, et qu'au manège il est bien au fait de la terminaison des *changemens de main*. Les chevaux dont je me sers pour accompagner, connaissent si bien cette leçon, qu'ils passent la tête par dessus la croupe du cheval de femme, dans le moment où ce dernier prend l'avance pour terminer le changement de main, de sorte que l'écolière qui commence, ne peut faire un seul pas sans que je sois à même de la secourir.

Je sais bien qu'en cela, comme en beaucoup d'autres soins de prévoyance que je recommande dans l'enseignement des dames, je ferai lever les épaules à plusieurs *écuyers* qui n'y regardent pas de si près ; j'en ai vu qui prenaient plaisir à faire défendre les chevaux avec lesquels ils accompagnaient, pour avoir l'occasion de les frapper à coups de fouet sur la tête pendant toute la durée de la leçon, croyant se donner aux yeux des dames quelque chose de l'intrépidité chevaleresque, quand ils ne faisaient que copier la stupide brutalité des charretiers.

Dans le manège, l'usage est de donner *la piste*, *le dehors* ou *le mur* (ce qui est la même chose) à l'écolière. L'écuyer, en gardant le *dedans*, doit placer son cheval un peu en arrière de celui de la dame ; il doit toujours tenir ses rênes à *contre-main*, c'est-à-dire, dans la main droite sur la piste à droite, et dans la main gauche, sur la piste à gauche, afin d'avoir constamment la *main de dehors* entièrement libre, soit pour diriger le cheval de femme, soit pour secourir l'écolière si elle est déplacée.

En accompagnant hors du manège, à la promenade, comme l'écuyer se place toujours à la droite de la dame, il doit tenir ses rênes de cette main, et faire en sorte que son cheval ne soit jamais devant le cheval de femme, mais un peu en arrière, la tête au niveau de l'épaule de ce dernier; il faut encore que le cheval qui accompagne ait les hanches un peu dirigées sur la droite, surtout s'il est chatouilleux ou si le cheval de femme est lui-même irritable. Il faut dans le manège, et plus encore en promenade, que l'écuyer maintienne son cheval au trot pendant que le cheval de femme est au galop, surtout si ce dernier est susceptible de prendre de l'ardeur.

Tant que l'écolière n'est point assez assurée pour soutenir le petit trot, sans *rouler sur sa selle*, et sans risquer de tomber à tout moment, l'écuyer doit lui tenir la main gauche (je suppose ici qu'on est dans le manège sur la piste à droite), de manière à l'empêcher de faire des grands mouvemens et à la forcer à conserver la bonne position. Or, la fixité et la très-juste position que le maître imprime à *la main de la bride*, est un des moyens les plus puissans pour assurer l'assiette de l'écolière en peu de tems.

Voilà comme il faut s'y prendre : soit que l'écolière tienne, ou ne tienne pas le bridon de la main droite, l'écuyer, en lui saisissant le poignet gauche, sans trop le comprimer, mais de manière à l'envelopper pour que les doigts restent fermés et bien rangés entre eux assure et fixe ce poignet dans sa juste position. Il doit passer son bras gauche de telle sorte que le poignet droit de l'écolière pose dessus comme sur une rampe mobile, ce qui l'aide beaucoup pour rétablir son équilibre, toutes les fois qu'elle se sent déplacée, rampe d'un grand secours, et qui lui donne beaucoup de confiance, mais dont elle doit tâcher de se passer le plus possible, et dont elle n'aura plus besoin au bout de quelques leçons. C'est un sûr moyen d'éviter ces fausses positions et ces mouvemens saccadés que font naturellement les bras pour rétablir l'équilibre, et qui, pris une fois en habitude, sont très-difficiles pour ne pas dire impossibles à corriger (1), et c'est le seul moyen de donner beau-

(1) Il y a des personnes qui croyent que c'est un exercice bien salutaire, pour les jeunes personnes, que de les promener sur des ânes ou de ces malheureux chevaux étiques et couverts de plaies, qu'on loue au bois de Boulogne comme à Montmorency moyennant quelques sous. Poursuivis sans cesse par des misé-

coup d'aplomb et de confiance à la personne la plus peu-reuse et la plus novice, même en lui faisant monter un cheval *très-fin dans les aides*, si on n'en a pas d'autre, car, en fixant ainsi la main de l'écolière, juste et moelleuse, elle ne peut provoquer les *contre-tems* par des *saccades* involontaires, comme cela arrive à chaque tems de trot, quand, au lieu de lui offrir un point d'appui, on se borne à lui répéter : *qu'il ne faut pas rouler sur la selle, qu'il ne faut pas faire de grands mouvemens, et qu'il ne faut pas avoir peur.* Cette manière d'offrir un point d'appui est aussi simple que facile, aussi sûre que bienséante, je la tiens de M. Vincent, qui fut, comme je l'ai déjà dit, l'écuyer en grande réputation pour la leçon des dames. Quand, au lieu de prévenir les déplacemens, on attend que l'écolière soit près de tomber pour lui offrir une main secourable, celui qui n'a pas l'habitude de cette le-çon, se trouble lui-même, alors il la saisit par le bras en l'at-tirant à lui, mouvement qui la force de tirer sur les rênes de la bride par une saccade et qui peut faire renverser le cheval s'il a la bouche sensible.

On doit employer *le moyen de secours* que je viens d'indi-quer, même avec une personne qui aurait une grande habi-tude, mais qui se trouverait déplacée par un cheval difficile. Pl. XVIII.

Quoiqu'il y ait des chevaux entiers très-doux et très-agréa-

rables qui les assomment de coups de bâton, ces malheureux animaux tombent quelquefois épuisés de fatigue et blessent les personnes qui les montent. Toute femme qui commence son éducation équestre en montant des ânes et des che-vaux de louage au grand rabais, outre les risques qu'elle court, prend les plus mauvaises habitudes et donne toujours beaucoup de difficultés à l'écuyer qui doit la rectifier.

Pl. 18.

lith. de Thierry frères

Chap.ᵉ 29.

Leçon pour accompagner.

La Dame monte un cheval d'ardeur qui fait des Contretems; l'Ecuyer en lui assurant la main gauche
lui offre en même tems un point d'appui sous le bras droit.

bles, une infinité de raisons s'opposent à ce qu'on les emploie pour les dames ou pour les accompagner.

Quand on accompagne une dame sans lui donner leçon, on ne doit pas moins s'occuper d'elle sans cesse, en lui laissant le chemin le meilleur, le plus uni, le plus propre. Il faut toujours être prêt à la secourir, si la vue ou le bruit d'un objet imprévu venait à effrayer son cheval, qui se trouverait doublement impressionné, si le cheval qui l'accompagne commençait lui-même par se dérober ou s'emporter. Toutes les fois que le chemin ne permet pas de marcher deux de front, la politesse alors n'est pas de faire passer la dame la première, elle exige, au contraire, que le cavalier prenne le devant, comme pour éprouver le chemin et pour engager le cheval de femme à suivre le sien sans crainte. On doit faire de même toutes les fois que le cheval de femme hésite à passer dans un endroit qui l'effraye, sur un pont de campagne, près d'un moulin, d'un four à plâtre, etc.

En accompagnant une dame à la promenade, on doit lui faire galoper son cheval quelquefois du pied gauche, mais plus souvent à droite ; quant aux changemens de pied, ils ne doivent jamais se faire *en l'air*, et comme la chose la plus importante est que le cheval conserve toute sa sûreté de jambes au galop, il faut éviter de le fatiguer à cette allure ; il est bon de lui laisser prendre le pied qu'il veut, quand on fait beaucoup de chemin.

Comme une femme à cheval est mal à son aise et promptement fatiguée si la jupe de son amazone n'est pas parfaitement disposée sur la selle, et comme cette jupe se dérange toujours un peu par le mouvement du cheval, il est important d'enseigner à l'écolière à rétablir elle-même cette partie de l'amazone à sa juste place, et cela en continuant de marcher au pas. Mais il importe que, pendant cette opération, elle n'abandonne

pas ses rênes et ne fasse pas de faux mouvemens sur la bouche
du cheval, ce qui pourrait la faire tomber dans le moment où
elle aurait la cuisse droite hors de la fourche. Elle doit; d'a-
bord, prendre sa bride de la main droite et *sentir son cheval
dans la main* pour s'en assurer et *le prévenir;* puis, poser cette
main sur la fourche à droite, sans tirer sur les rênes et sans
les laisser trop lâches; ôter la cuisse de la fourche, en évitant
de porter tout le corps en avant et d'en abandonner le poids
sur l'étrier, ensuite, avec la main gauche, disposer convenablement la jupe, et enfin repasser la cuisse dans la fourche. Il
faut exercer l'écolière dans le manège en lui faisant répéter
cette opération lentement jusqu'à ce qu'elle puisse la faire
très-facilement sur un cheval ayant de l'ardeur et disposé à
partir au galop. Rien ne repose comme la jupe bien disposée
en plis tombant d'aplomb, et rien ne fatigue et ne donne
plus mauvaise grâce à une femme que quand cette jupe re-
monte et bride sur les hanches et les jambes par des plis en
travers.

Jusqu'à présent, tous les écuyers ont suivi l'usage depuis
long-tems établi, de se placer à la droite des dames qu'ils accompagnent (en promenade, car dans le manège l'écuyer se
place selon la piste), mais comme aujourd'hui, en équitation
comme en tout, la maladie du pays est de renverser tous les
principes reçus, sous prétexte de *progrès* et de *perfectionnemens*, je ne serais pas étonné, si quelque professeur de moderne fabrique se plaçait à gauche en accompagnant les dames,
quand ce ne serait que pour se faire remarquer, d'autant que
l'on voit quelquefois des *grooms faisant fonctions d'écuyers*,
se placer à la gauche des dames, par hasard, où à dessein, je
ne saurais le dire; circonstance qui suffirait pour autoriser
certains anglomanes à faire la même chose, afin de pouvoir
dire qu'ils *accompagnent à l'anglaise.*

Je crois donc utile de prévenir que si l'usage généralement adopté par tous les écuyers et par tous les hommes bien élevés, est de se placer à la droite des dames qu'ils accompagnent, et jamais à la gauche, ce n'est pas une chose purement de convention, mais une obligation imposée par plusieurs raisons majeures; dans tout autre tems je n'aurais pas eu besoin de les déduire, mais comme cet ouvrage, bien que très-imparfait, a du moins le mérite d'être consciencieux, je veux, autant qu'il dépendra de moi, que les dames qui me feront l'honneur de le lire, soient en garde contre des innovations dont plusieurs d'elles ont été victimes.

Les raisons qui exigent que l'on se place à droite sont :

1º Qu'étant ainsi, l'écuyer peut, au besoin, serrer le cheval de femme aussi près que possible, pour mieux s'en assurer, chose qu'il ne pourrait faire étant placé à gauche, sans risquer de blesser les jambes de la personne qu'il accompagne;

2º C'est, qu'étant à droite, il a bien plus de facilité pour faire avancer l'épaule gauche de l'écolière, qui se trouve alors naturellement placée pour l'entendre et lui répondre, tandis que si elle portait continuellement son attention à gauche, l'épaule de ce côté aurait encore une plus grande tendance à se reculer;

3º C'est qu'à droite, l'écuyer n'a jamais à craindre que son cheval puisse frapper les jambes de l'écolière, ce qui pourrait arriver avec le cheval le plus doux pendant le tems des mouches; ni que ses éperons s'accrochent à la jupe de l'amazone, ce qui a causé plus d'un accident;

4º C'est que, quand l'écuyer est à droite, la jupe se trouve en dehors et en vue, et cette partie de l'amazone, quand elle drape bien, est, sans contredit, celle qui donne le plus de grâce à une femme à cheval; si, au contraire l'écuyer était à gauche, à part tous les inconvéniens que j'ai en partie signalés, la jupe se trouverait cachée entre les deux chevaux et elle aurait bien plus de chance d'être déchirée par leurs pieds ; il y a encore beaucoup de raisons de convenance qui veulent que l'écuyer se place à la droite de la dame qu'il accompagne, et non à sa gauche.

Quand j'écrivais ce chapitre, je ne pensais pas que, quelques années, plus tard, je verrais dans plusieurs villes de l'Italie, les *cavallerizzi* les plus en réputation, se placer à gauche pour accompagner les dames. J'ai fait à ce sujet quelques observations à plusieurs d'entre eux, ils m'ont parfaitement compris, *ma*...... tout en continuant de rester dans leur habitude très-mauvaise.

Je vais paraître bien *gothique*, bien *arriéré*, en regrettant qu'une règle de convenance sévèrement observée dans les manèges d'autrefois, soit presque généralement oubliée aujourd'hui : il fallait qu'un écuyer, et surtout un jeune écuyer, qui avait l'honneur d'accompagner une dame de bonne compagnie à la promenade, eût dans sa mise quelque chose d'un homme de sa profession, d'un *maître d'équitation* et non *d'un amateur*. On ne lui demandait pas de porter *un chapeau à trois cornes*, mais d'être *botté à l'écuyère* et *boutonné militairement*. Un écuyer de cette époque qui se serait présenté dans le costume *d'un incroyable du boulevard de Coblentz* pour accompagner une dame ou une jeune personne, quand cette dernière n'y aurait vu rien d'inconvenant, aurait été averti par un père, une mère ou un mari, *que la promenade ne pouvait avoir lieu*.

Et si le jeune écuyer n'avait pas compris ce premier avertissement, le directeur du manège qui l'employait, l'aurait envoyé indéfiniment au boulevard de Coblentz pour y étudier *les modes nouvelles*.

CHAPITRE XXX.

DE CE QUI CONSTITUE LE VÉRITABLE CHEVAL DE FEMME.

**Observations sur les soins à prendre pour le choisir, le dresser
et le conserver.**

On croit assez généralement que quand un cheval est doux de
caractère, d'un beau poil, avec les jambes bien fines, qu'il est
cheval de femme, sans s'inquiéter s'il a les qualités indispensables pour cet usage, c'est-à-dire, de l'ensemble dans sa conformation, de belles allures, une grande sûreté de jambes,
une excellente vue, et si surtout il a été *dressé, éprouvé,
aguerri et confirmé* par un écuyer habile.

En reconnaissant que la douceur de caractère est une qualité indispensable pour un cheval de femme, on serait dans
une grande erreur si l'on croyait que cette seule qualité suffit
pour l'agrément et la sûreté de la personne qui le monte. Et

en effet, si le cheval bien doux, bien caressant, qui mange dans la main de sa maîtresse et la suit comme un chien, n'a point de sûreté de jambes, ni liberté d'épaules, ni vigueur dans les hanches et les jarrets, il pourra la *rouler* dans le plus beau chemin et lui faire beaucoup de mal avec la meilleure volonté du monde. S'il a de belles allures et de grands moyens, il pourra encore la jeter par dessus sa tête par un vigoureux *contre-tems*, ou bien l'emporter de toute la vîtesse de son galop, et il deviendra alors d'autant plus dangereux qu'il aura plus de vigueur de légèreté et d'haleine; et tout cela sans méchanceté aucune, mais seulement parce qu'il n'aura pas été dressé, ou qu'il aura été mal dressé.

C'est une autre erreur de croire qu'un petit cheval convient mieux pour une femme que celui d'une taille plus élevée (1 m. 33 c., de 20 à 28 c.), car une grande femme n'est jamais à son aise sur un petit cheval et elle ne peut y avoir de grâce; une petite femme y paraît encore plus petite; ajoutons qu'a-vec les petits chevaux les jupes d'amazones traînent dans la poussière et dans la boue, et qu'elles sont souvent déchirées par leurs pieds qui s'y engagent, ce qui est toujours dange-reux. Sur un cheval mince de corps, la selle de femme ne portant pas sur une assez grande surface ne peut tenir, et en tournant elle blesse le cheval. Ainsi, à qualités égales, entre un grand cheval et un petit, il y a plusieurs raisons de donner la préférence au premier; mais comme généralement les grands chevaux ont moins d'ensemble dans leur conforma-tion et dans leurs allures que ceux d'une taille médiocre, le choix d'un beau et bon cheval de femme est d'autant plus dif-ficile à faire. Quand je dis cheval, je n'entends pas excepter les jumens, quand elles ne sont pas trop basses du devant ni sujettes à cette irritation nerveuse qui les rend chatouilleuses à l'excès.

Avec une belle et bonne conformation, de bonnes allures, surtout le pas et le galop, le cheval de femme doit être d'une grande sûreté de jambes, et cela sur le terrain pierreux, comme sur celui qui est très-doux, et il y a beaucoup de chevaux qui, avec les pieds parfaitement bien conformés, les ont cependant sensibles. Ceux-là pourront marcher avec sûreté sur le terrain humide et doux, mais la souffrance qu'ils éprouvent sur les chemins pierreux leur fait faire des bronchades fréquentes et les fait aussi tomber. La condition qui vient après la grande sûreté de jambes est celle d'une excellente vue, et ce que j'entends par excellente vue, n'est pas seulement d'avoir de beaux yeux, bien transparens, car il y a des chevaux qui les ont tels et qui sont ombrageux. C'est assez dire qu'on ne peut juger de la vue et des autres qualités indispensables à un cheval de femme, qu'après l'avoir monté et bien étudié plusieurs fois. Le cheval, sans être précisément ombrageux, peut être ce qu'on appelle vulgairement *sur l'œil*, ce qui signifie que, sans se dérober entièrement par *des écarts*, il marque souvent des tems de surprise ou d'hésitation qui sont très-désagréables en selle de femme, puisqu'ils sont autant de petits *contre-tems*, *sauts de pie*, ou *fausse-finesse*. Ces mouvemens interrompent sa marche et dérangent toujours l'assiette d'une femme. Et je dois le dire, tout le savoir du meilleur écuyer ne pourra empêcher le cheval dont la vue est défectueuse, d'hésiter à passer sur une infinité d'objets qui affectent subitement cet organe, pas plus que de triompher complètement de tous les autres défauts qui tiennent à une *cause physique et permanente*, par la raison qu'il n'est pas au pouvoir de l'homme de changer la nature. Je sais bien qu'en équitation comme en tout, nous ne manquons pas de gens qui s'attribuent un pouvoir surhumain, avec l'aide des compères, mais à chacun sa langue. Je le répète, l'écuyer habile, celui qui joint au talent d'exécution les connaissances anatomiques et qui a fait une longue et sérieuse étude du *moral du cheval*, pourra sans doute aider, développer, embellir, rectifier la nature, mais il ne *pourra jamais la changer*, et ce n'est pas de ma seule autorité que je fais cet humble aveu, ou que je prononce cet irrévocable arrêt, cette pensée est consignée dans les ouvrages des de la Guérinière, Dupaty de Clam, Mottin, de la Balme, etc., etc. Et ces écuyers, comme je l'ai déjà dit, étaient membres d'académies savantes, et nullement des *routiniers*, des espèces de *crétins*, comme de modernes écrits voudraient nous le faire accroire.

Le cheval que je suppose ici bien conformé, bien portant et vigoureux, sera nécessairement disposé à user de ses moyens naturels. Ne sera-t-il pas d'une trop grande ardeur quand il se trouvera en compagnie d'autres chevaux s'excitant mutuellement ? C'est ce que le véritable écuyer doit chercher à reconnaître avant d'acheter le cheval, avant de se charger de le dresser pour une femme et d'en prendre la responsabilité. C'est par plusieurs essais bien étudiés qu'il pourra savoir à quoi s'en tenir à cet égard.

Si le cheval est beau, mais *froid,* il sera très-commode peut-être pour une femme malade, mais il manquera d'agrément, il aura difficilement un galop brillant et une grande sûreté de jambes ; il sera *dur aux aides* et déplaira bientôt à la femme jeune et en bonne santé, qui veut un cheval susceptible de *caracoller* et qui la fasse paraître de la manière la plus avantageuse. Et j'ai vu peu de femmes qui ne comptent pas cette considération pour quelque chose depuis que j'ai été à même d'en faire la remarque.

Il s'agit donc de trouver un cheval jeune (*de 5 ans faits*), plus grand que petit et réunissant les qualités que je viens de

Chap.e 30

De ce qui constitue le veritable Cheval de femme.

Le beau et bon cheval de Mecklembourg réunit la légèreté et le fond du cheval anglais,
au liant et à l'agrément du cheval Espagnol.

Lith. de Thierry frères.

Pl. 19

déduire ; il faut encore que ce cheval soit vif, brillant et sensible aux aides, sans avoir l'inconvénient d'être un *cheval d'ardeur*, et bien facile à mener sans être *froid*. Ce n'est pas tout, il faut qu'il soit d'un poil avantageux et quelquefois déterminé d'avance par sa future maîtresse, qui annonce ne vouloir monter qu'un cheval *Isabelle avec crins et jambes noirs*, ou de tout autre poil aussi rare.

On comprend donc qu'un cheval susceptible de pouvoir servir et plaire à une dame est toujours assez difficile à trouver, surtout quand on tient à l'avoir *tout neuf*, même après avoir vu et monté tous les chevaux des marchands en réputation (1). En payant environ 5,000 fr., il sera possible aujourd'hui d'acheter quelque chose de passable, mais si l'acquéreur tient essentiellement à se procurer les parchemins qui constatent que *le cheval est bien-né*, c'est-à-dire, *né en Angleterre*, que ses illustres aïeux ont remporté de nombreux prix de courses à *Newmarket*, et que leur *pur et noble sang* ne peut leur être contesté, il faudra bien payer 3,000 fr. de plus, ce qui ne fera jamais qu'une somme ronde de 8,000 fr. Si le cheval se trouve être une rosse, du moins on n'aura pas dérogé aux exigences de l'anglomanie (2).

_____

(1) Et c'est encore chez les marchands qu'on risque le moins d'être complètement trompé, d'abord, parce qu'ils sont plus connaisseurs que ceux qui achètent pour leur plaisir ou leurs caprices, et qu'ils ont un grand intérêt à ne donner leur argent comptant que pour les chevaux qu'ils jugent les meilleurs et de plus facile défaite. Ce dont il faut le plus se défier, ce sont des *chevaux d'amis vendus à bon marché pour cause de départ.* Quand on a été *amicalement enfoncé,* au lieu de s'adresser aux tribunaux, comme on le fait avec le marchand, on ne peut pas toujours se consoler par la plainte, sans risquer que l'enfonceur vous enfonce une lame dans la poitrine ou une balle dans la tête.

(2) Il y avait à Paris une dame française qui montait beaucoup à cheval ; elle

Je dois dire ici que, tout en appréciant le mérite des beaux
et bons chevaux anglais, qui deviennent tous les jours plus
rares, je n'en ai trouvé que très-peu qui aient les qualités re-
quises pour faire des chevaux de femme accomplis (1). Je préfère, pour cet usage, les beaux chevaux du Mecklembourg et
de quelques autres parties de l'Allemagne ; ils ont de meilleures épaules que les chevaux anglais, ils sont plus lians et
moins durs au trot ; il en est qui ont leur légèreté et leur
fond , et qui joignent à cela des ressorts aussi doux et aussi
agréables que ceux des chevaux d'Andalousie (Pl. XIX).

Supposons maintenant le cheval de femme choisi et parfaitement dressé, le plus sûr moyen de le gâter, de le rendre dangereux et de l'user en peu de tems, est de le laisser monter
aux domestiques, sous prétexte *de le promener*. Quand on n'a

---

aurait pu acheter *du pur sang* de 6 à 8,000 fr., tout aussi bien que la femme d'un
marchand de cirage anglais, car elle avait des écuries considérables, des écuyers
et des piqueurs ; elle était riche et généreuse, car elle paya, dans un seul hiver,
pour 300,000 francs de bois de chauffage, qu'elle fit délivrer aux pauvres. Mais,
par esprit national, elle n'a jamais permis qu'on achetât, pour son service, que
des chevaux *normands, limousins*, et les tenaient toujours pour *bien-nés* quand
ils étaient *nés français*. Le nom de cette dame est Marie-Thérèse de France,
fille de Louis XVI.

(1) Je ne saurais assurer si, comme le prétendent quelques personnes qui se
disent parfaitement instruites des roueries d'outre-mer, beaucoup de chevaux
que l'on ramène de l'Angleterre comme anglais, sont des chevaux allemands ; et
si les chevaux véritablement anglais qui nous parviennent, sont les rebuts des
écuries des riches *sportsmen*, rebuts que les marchands anglais nous feraient
passer en disant : « *It is well enough for the continent* ».

Je le répète, je ne prononce pas dans la question ; mais on comprendra que si
le jugement que je porte sur les qualités particulières aux chevaux anglais et
allemands était faux, mon erreur serait bien pardonnable, si l'on était parvenu
à faire passer impunément des chevaux très-communs de l'Allemagne pour des
chevaux de la plus belle race de l'Angleterre.

Pl. 20.

Lith. de Thierry frères.

Cheval de femme promené en main avec un surfaix d'entraînage à l'allemande.

pas le tems ou la volonté de le monter soi-même, il faut le faire promener *au pas en main,* avec un *cavesson* et un *surfaix d'enrênage à l'allemande* (Pl. XX).

Il faut encore que l'écuyer qui a dressé le cheval de femme le *monte* de tems en tems pour l'entretenir *juste dans la main,* de même qu'on fait accorder les instrumens à clavier avant d'attendre qu'ils soient complètement faux; et ce ne sont pas les domestiques et les jockeys que les dames chargent d'accorder leurs pianos, ce sont *des accordeurs.* Eh bien, les *accordeurs de chevaux,* ce sont les bons écuyers, et tous ceux qui, sans l'être, veulent se mêler de monter les chevaux de femme, ne peuvent que les *désaccorder*, c'est-à-dire, les rendre *faux aux aides*, et conséquemment dangereux à monter.

En parlant de la grande difficulté de se procurer un bon cheval de femme, je n'aurais pas été conséquent si je n'avais pas dit quelque mot sur ce qui peut assurer le plus *sa conservation.* Pour conserver les chevaux en bonne santé, il faut, après la bonne nourriture et le bon pansement, les faire visiter et traiter par un vétérinaire toutes les fois qu'ils cessent de manger et qu'ils paraissent malades ; il faut aussi se procurer des gens d'écurie, qui veulent bien se conformer aux ordonnances du vétérinaire, et qui n'aient point, comme les grooms anglais, la prétention de médicamenter les chevaux selon leurs caprices bachiques avec des *piss-ball, faverball, poison-ball,* etc. (Voy. *T. R.*, chap. LXIII).

Si vous tenez à avoir des étrangers dans vos écuries, prenez des allemands ; ils sont généralement probes, et ont un grand attachement pour les chevaux dont ils ont soin. Il faut surtout se défier des gens d'écurie *anglais* ou *à l'anglaise,* qui ne peuvent essuyer un cheval avec l'*époussette,* ou frotter *une gourmette* dans leurs mains sans *siffler* comme des couleuvres. Ces grands *siffleurs* font plus de bruit que de besogne, et bien simple est le maître qui se complaît à entendre leur insipide musique, dans la croyance que ses chevaux en sont beaucoup mieux pansés, *pansés à l'anglaise* (1)!

---

(1) Pourquoi ce *sifflement obligé*, en pensant les chevaux à l'anglaise ? C'est la demande que je faisais à un anglomane *pur sang* de ma connaissance. Voilà, me dit-il, l'ignorance *de vous autres français!* (lui est né dans la maison de son père, gros épicier droguiste du quartier Saint-Martin.) Quand vous faites fonctionner l'étrille ou la brosse, vous ne savez pas que la poussière que vous retirez du poil y rentre tout aussitôt; et puis vous croyez que votre cheval est pansé, quand il est bien plus crasseux que si vous n'y aviez pas touché du tout. Au lieu que l'anglais, lui, *qui ne fait rien sans raisonnement*, chasse cette poussière bien loin en soufflant dessus, ce qui est extrèmement fatigant, et explique pourquoi il a si souvent besoin de boire, le malheureux ! et puis, vous venez dire qu'il est ivrogne!—Votre réponse me paraît en partie concluante, mais, dites-moi, pourquoi siffle-t-il encore en lavant la crinière ou la queue de son cheval, car il n'y a pas de poussière à chasser d'une éponge mouillée ? — Ah !..... *c'est pour sécher les crins. — Bravissimo!* votre anglais souffle également sur le sec et sur l'humide ; il me rappelle ces vers :

> Arrière ceux dont la bouche
> Souffle le chaud et le froid!

Voilà, au surplus, l'opinion d'un célèbre écuyer anglais sur la supériorité des palefreniers de son pays :

» *Les palefreniers anglais sont bons, mais gardez-vous de leur confier aveu-*
» *glément vos chevaux, si vous ne voulez pas qu'ils vous les crèvent à force*
» *de vous les faire courir* «.

(Le duc de Newcastle, gouverneur de Charles II).

TABLE DES CHAPITRES.

FIN DE LA TABLE DES CHAPITRES.

TABLE DES PLANCHES.

FIN DE LA TABLE DES PLANCHES.

LOTTIN DE SAINT-GERMAIN, IMPRIMEUR,
rue de Nazareth, 1. Paris. 1842.